天下文化
BELIEVE IN READING

每個孩子都是全部，不是之一

林玫伶校長的教育心法

林玫伶——著

謹以此書

獻給我早逝的父親林金一（書民）先生

以及用檳榔刀拉拔我們長大的母親陳甚（佩玉）女士

他們的名字值得印在書上

目錄

Contents

第二章 是百分之百，不是之一 65

第三章 閱讀的滲透 101

第四章 很多故事，都從一個空間開始 145

第五章 走進工作圈 185

推薦序

綻放教育正能量

吳清山　臺北市立大學名譽教授、前臺北市政府教育局局長

七月初收到玫伶校長新書初稿後，我特別利用週末完整的時間，從第一篇「你是新來的嗎？」到最後一頁最後一段「服務的方式與對象也許有所不同，但教育的初心沒有差異。因為，懷中的水晶球依舊粲然如月！」一口氣讀完，頗有欲罷不能的感覺。

當日的天氣悶熱，氣溫高達三十四度，但慢慢品嘗玫伶校長大作，猶如夏日一襲涼風，頓時感覺神清氣爽，體會到「讀好書自然涼」的滋味。該書娓娓道來校長生活的酸甜苦辣，充滿著至真、至善、至美的教育情懷。

認識玫伶校長已超過二十年，但對她有較為深入的了解，是在二〇〇八年我擔任臺北

市政府教育局局長時，那時玫伶校長服務於明德國小，教育局經常借重她推動語文教育和讀報教育的專才，協助辦理各項閱讀教育活動，不僅展現她閱讀教育的專業，而且也展現其行政長才，成為臺北市閱讀教育的重要推手。

玫伶校長歷經了大橋國小、明德國小、士東國小到國語實小退休，凡是她所服務過的學校，親師生對她都給予高度稱讚，除了真誠待人和工作投入，更散發一位教育工作者關懷學生的熱忱，尤其對經濟困頓、身心障礙、遭受霸凌、單親、拒學等的學生，展現其教育專業和愛心，把每個孩子都當成「教育的全部，而不是全校學生之一」的態度，實踐「永遠不放棄任何一個孩子」的教育理念，值得每位教育工作者學習，在書中所列舉的真實故事，都可以獲得見證。

當今時代擔任校長，面臨到校園民主化和各項教育政策如火如荼推動，真是處處充滿著挑戰，可謂備極艱辛，對校長真是極大的考驗。

校長不僅要做好行政領導，而且也要做好教學領導、課程領導和學習領導，從書中就可體會四大領導的重要性及做法。

文中讓我最感動的，是玫伶校長敘寫她在二〇一九年底，因意外造成骨折，開刀住院三天後就到校上班，必須以輪椅代步，剛好有新進教師要舉行全校性公開授課，玫伶校長堅持參加，但教室卻在地下室且找不到替代空間，學校同仁挺身而出擔任「轎夫」協助校長下樓，她忍受僅容側身的狹小環境認真伏案做筆記，直到連續兩節觀課結束，這種「不怕痛、不怕苦」以身作則的精神，相信學校教師們都深受感動。

從書中可以看出玫伶校長經營校務手法不僅細緻，還具有創意與巧思。說來真巧，她接掌的四所學校中，其中大橋國小和國語實小都在進行捷運施工，其所造成的噪音、空氣汙染對校園及周邊環境衝擊甚大。玫伶校長於書中談到除了不斷與施工單位交涉，而且也利用創意，讓施工結合安全與藝術，把施工圍牆變身成彩繪牆，並且將其當做課程計畫的一部分，這也應是校長領導藝術的一環。

書中從校長領導、親師生互動到校園一物一景、一草一木，都充滿著說故事的張力，也看到一位校長所綻放的教育正能量，影響到學生學習、教師教學和家長的態度，成為一種教育的良性循環，這正是當今校長們的學習典範與標竿。

由於玫伶校長是一位教育實踐家，也是一位兒童文學作家，本書透過文學的手法行文書寫，以幽默的筆觸傳達其教育觀，用心閱讀即是一種很好的享受。

想了解校長工作的點點滴滴、處理校務的眉角及透析教育的價值，本書值得一讀。

推薦序

教育春風，花開滿樹

黃秀霜　前國立臺南大學校長

與玫伶校長結緣於教育部「課文本位閱讀理解策略」師資培育專案計畫，時任臺北市明德國小校長的玫伶表現相當出色；後來玫伶於國語實小校長退休後，獲聘國立清華大學客座助理教授，在柯華葳教授閱讀研究中心擔任「雙閱讀素養計畫」之協同主持人，我們並肩努力，希望帶給臺灣閱讀教育好山好水好風景。玫伶亦為本校七十四級畢業的傑出校友，則是彼此的另一種因緣。欣聞玫伶力作《每個孩子都是全部，不是之一》即將出版，新書付梓之際，有幸樂於為序推薦。

玫伶校長奉獻教育不遺餘力，同時也是知名兒童文學作家，著作豐富且獲獎無數。本書共分為〈歡迎來到校長室〉、〈是百分之百，不是之一〉、〈閱讀的滲透〉、〈很多故事，都從一個空間開始〉、〈走進工作圈〉、〈試煉與挑戰〉及〈深夜小學堂〉七大篇章，透過四十個小故事，述說在校長崗位上的點點滴滴，從日出東方到夜色深沉，呈現的不僅是校長的一天，而是十九年校長生涯的縮影。

教育之於玫伶，是一份榮譽的、助人的、成就他人的志業！自民國九十年擔任校長以來，即秉持「教育的原頁」之理念與精神辦學，「原頁」就是「原來的那一頁」，也就是「教育的初衷」，並以Live（生活）：擁有經營幸福生活的能力、Love（真愛）：保持真誠關懷周遭的愛心、Learn（學習）：持續不斷探索學習的熱情、Leave（留下）：樂於奉獻並留下影響力等四個價值，譜寫出十九年校長生涯群像，實現對教育的承諾，映射出一幅綺麗的教育光譜。

每個學生雖然只是學校的百分之零點一，但他們都是家裡的百分之一百。玫伶不放棄任何一位孩子，以每年救一個學生自期，不僅主動送書桌到弱勢兒童家中、為孩子剪輯影片到天明、幫助拒學症的孩子、對待特殊生因材施教……等，總是以溫柔又堅定的語言與行動，幫助孩子們學習成長。這些生命的故事承載著她對孩子的關愛、對教育的責任，字裡行間蘊藏著無限心意，令人感動。

玫伶曾任臺北市大橋國小、明德國小、士東國小、國語實小等校校長，多次推動極富教育意義與創意的活動，備受肯定與迴響，如「你讀書，我請客」，以閱讀為目的，美食為手段，達到社區認同的底蘊。「你讀好書，我做公益」，成功結合品德教育與閱讀教育，讓全校學生自動在一個月內看完五千餘本品德好書，感動社區店家捐款給兒童福利聯盟。「聖誕老公公的邀請」，邀請全校師生捐贈禮物鞋盒，送往偏鄉幫助弱勢學童。透過活動將學生的道德發展由他律提升到自律，讓他們體驗施比受更有福的真諦，也讓孩子發現閱讀的價值。我相信，玫伶在孩子的心湖撒下的閱讀種子，未來必是百花齊放，朵朵芬芳。

很多故事，都從一個空間開始。校園是師生共同學習的空間，美感的空間營造對學習有加成效果。玫伶致力營造優質溫馨的校園環境，如美化改造走廊空間，變身為孩子另一個學習聖地；整修廁所，成了乾淨、舒適又優雅的「家」；打造孩子可以悠遊中外、縱橫古今的神奇書屋；營造開放又不失安全美觀的圍牆；讓校園角落變身成歡樂的代名詞。透過活化、創意、美感的對話與精進，賦予校園每個角落新的生命與價值，成了校園精采故事的要角之一。

課程及教學領導，最關鍵的就是「參與」，也就是「走進工作圈」。校長若不參與、不走進、不接觸，任何改革或創新只會淪為「理念的仲介」。身為校長的玫伶瞭解老師的壓力與需求，拋磚引玉先試寫教案再帶領老師備課，更親自與香港播道書院名師進行語文課一課兩教公開觀摩，與老師們共學精進。透過各項積極作為，如引導孩子規劃自己的寒假作業，讓孩子自由學習與發展；守護學校的核心主軸，勇敢翻轉策略方法，開創符合時代趨勢的國語文教學新風貌；精心策劃主題書展，延伸孩子學習的觸角；打開教室推動教師公開授課；藉由跨領域主題課程將藝術的元素注入工地等，帶動教師專業成長。

親師溝通、公共關係也是校務經營不可忽略的一環，懂得處理的「眉角」，才能恰到好處，讓校務運作順暢，玫伶在新書中也提出自己的經驗以及心得與大家分享。而深夜裡的小學堂，不論是鬼怪傳說、意外的訪客、挑燈夜戰的校長與老師，或是辦理天文觀測活動等，都展現不同的風情，雖是雲淡風輕的描述，卻是她教育生涯最真實的生活體現，值得細細品味。

本書一字一句寫下對教育的使命感及學校經營哲學，恰似春風輕暖，總能令一樹花開。我們相信，透過校園裡的多重視野，讓玫伶的人生有了另種溫潤醇厚的印記，綿延而出的是教育壯闊的盛景。

作者序

當更多人的媽媽

兩個兒子還在就讀小學時，並不喜歡「媽媽是校長」這件事，精確一點的說，他們不喜歡以「校長的兒子」這個身分在江湖行走，因為只要犯了錯，不用等放學回家，在路上就會被我「處理」，有好一點的表現也被視為理所當然。

後來我轉任他校，小兒子小學還沒畢業，跟我協商希望能隱藏身分在新學校生活，這當然維持不了多久就破功，但「媽媽兼校長」似乎在孩子小學階段帶來的苦惱多於紅利。更別提，某天晚上要載兒子和校狗小白回家，因為邊上車邊講手機討論公事，等開了一段路回過神，只見小狗端坐後座搖尾巴，小犬卻沒上車，每每想起仍心有餘悸。

兒子們從小就看媽媽常為了某個學生四處奔走、為某項工程設計費心搜尋比圖、為解決某些問題尋找出路、為實現某個理想反覆思索……，無數個夜晚看媽媽在校長室加班，或在家裡書房「移地加班」的側影，他們從剛開始抱怨「當校長需要做成這樣嗎？」漸漸也接受媽媽必須是「更多人的媽媽」這個事實。後來兒子更大了，有時跟我聊到某些教育現象或校園案例時，最後常感嘆的說：「為什麼他們不是碰到你！」

謝謝兒子對「自己媽媽」寬容的評價，以及對「大家媽媽」遲來的認同；也謝謝他們這樣長大，而且長得那麼好！我把這份感謝放在序文最前面，多少有點表達沒能全心全意照顧他們的歉意。

這本書的內容圍繞在我十九年國小校長生涯的真實經歷，從臺北市大橋國小、明德國小、士東國小到國語實小，我用說故事的方式表達並反思一個個學校教育的議題。

雖然許多人常戲稱這個時代的校長有責無權，但每年仍吸引不少有志之士投入甄試與遴選行列，很大原因是：臺灣社會對校長普遍仍充滿敬重。光是這份敬重，就值得每一位校長在這崗位上用心回應。

回想當年參加校長甄試，口試階段時有位委員問：「你覺得自己最大的優點是什麼？」我想了兩、三秒後回答：「最大的優點是，我有『毋意、毋必、毋固、毋我』的特質，意思是我對事情不會預設立場、不會臆斷、不會固執己見、不會只考慮自己。這樣的特質，使我從事教育行政工作時，能站在親師生的立場思考。」

委員追問：「那麼，你認為自己最大的缺點是什麼？」

「正因我總是站在別人立場思考，重視每個聲音，情感上容易陷溺，需要理性時往往流於優柔寡斷，難以下決定。」說完後，我接著再闡述如何克服缺點。

那一年，我三十六歲，順利當了校長，教育的大環境從波瀾不興到風起雲湧，從一錘定音到眾聲喧譁，帶來更多元的新氣象。這麼多年來，不論面對人、或事、或政策，「四毋」讓我能以寬廣的心胸與認知的彈性，走進教育關鍵，深入教學現場，做出適切的決定。不過在本書四十則的故事中，聰明的你也可以讀出我在下決定時，很多時候其實內在歷程經過百轉千迴，到底要往東還是往西，要鬆點還是拉緊，要快刀斬亂麻還是再觀望幾天……，考量的因素非常多，但始終不會忘記：學生，才是學校存在的原因！

本書八萬多字的內文都完稿後，作者序遲遲生不出來，寫一段刪一段、寫兩段刪兩段……，改來改去都不滿意。怎麼會這樣呢？想了想，終於懂了，那是因為我實在太珍視這本書，深怕序文沒寫好會拖累正文啊！

我要感謝遠見．天下文化的邀請，讓我能將這些別具意義的故事寫出來並出版，還忍受我一再拖稿的惡行；感謝曾經和我共事的教育夥伴、家長會和志工團，你們是我的智囊團、楷模和益友；感謝我曾遇過或聽過的教育典範，不論風範、智識、領導作為都讓人心生嚮往；感謝吳清山教授和黃秀霜教授，在忙碌的工作中仍特別撥冗為文撰稿推薦；最後，感謝十九年來七千多位學生，竟教會了我這麼多事！

第一章
歡迎來到校長室

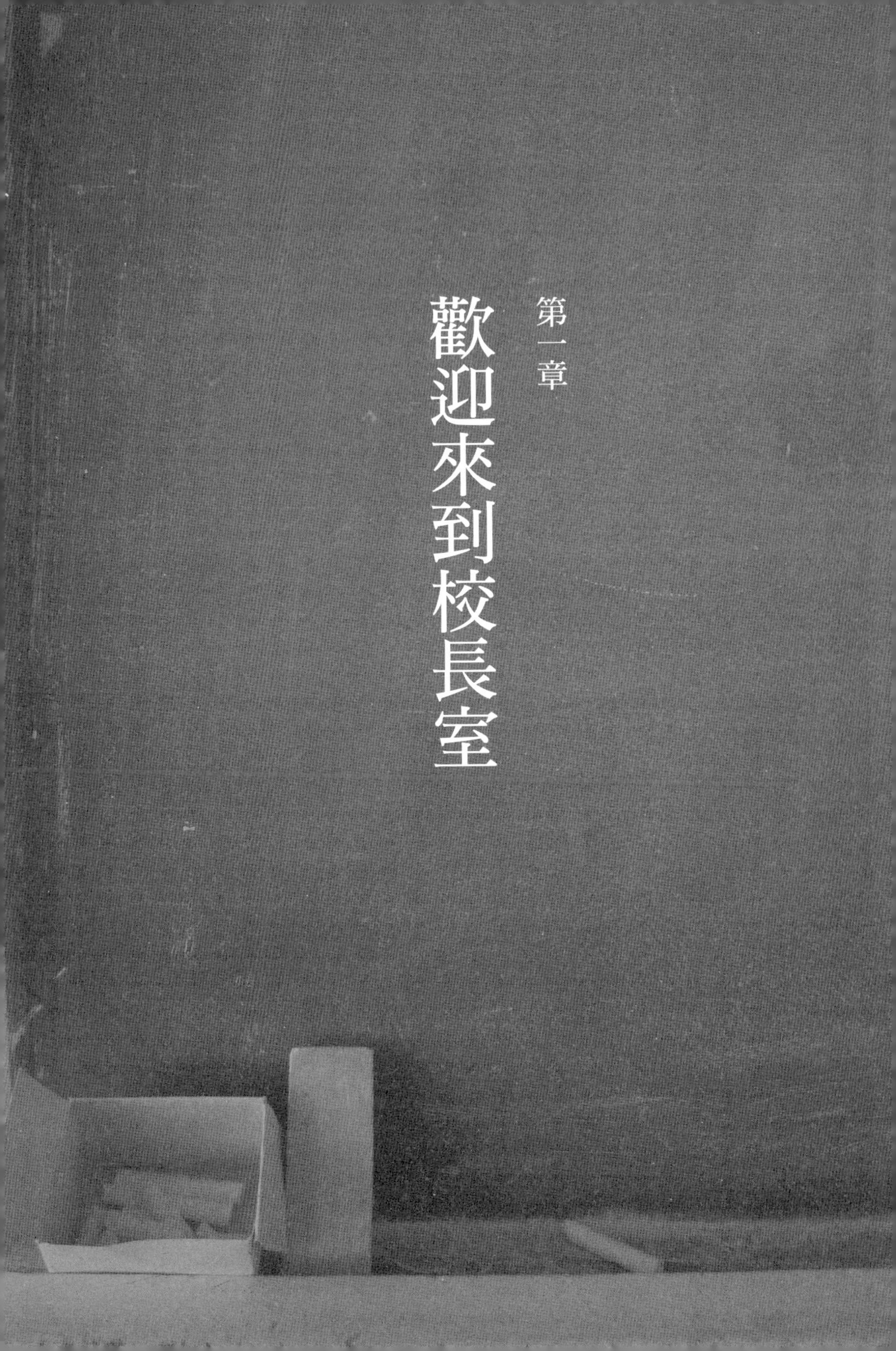

1 你是新來的嗎？

教育於我而言，不只是一份領安穩薪水的「職業」，
也不是成就自己的「事業」，
而是一份榮譽的、助人的、成就他人的「志業」！

暑假返校日，三個小孩趴在走廊窗臺睜著大眼睛靜靜的向校長室張望，我從公文堆中抬起頭，看到了他們。小孩眼神沒迴避，正面迎向我一、兩秒後，問：

「你是新來的嗎？」

「嗯……」我馬上從辦公椅站起來，想著該怎麼介紹自己，還沒開學，小孩不認識我。

「我是新來的校長，」我邊說邊抓起桌上的三角立牌，指著上面的字說：「我叫林──玫──伶，剛來這所學校……」

話還沒說完，鐘聲響了，小孩倏的挺起身來，一溜煙跑掉。

校長 林玫伶

我才要坐下，他們又跑回來，在門邊探頭大喊：「校長再見。」不等我回應又跑走了。

這一幕，常看電視劇的人不會陌生，新進人員剛到一家公司，尚未正式介紹前，常會被這樣問：「你是新來的嗎？」只不過，這次換成小學生問一個剛到職不久的校長。

小孩童言童語，每每想起都滿有趣味，但我當時的應對似有些許慌亂，細細思量，是對「校長」這個職位真切感受到責任的分量。

我甚至可以把小孩們想像成我的「老闆」，他們問我是不是新來的，接下來會觀察我有沒有本事、能不能把學校辦好……

家有家長、校有校長。

家長的責任，是照顧這個家；校長的責任，是照顧這個學校，幫助學校變得更好。

常聽到很多人自謙的說：「我來這裡向大家學習。」但我心裡不這麼想，尤其擔任校長，更是要來做事，不是來學習的。

這並非自大，試想，哪家公司會高薪聘請一位「來學習」的CEO呢？

學習二字，在用心做事的過程中自然會發生，結果也必然有所學習。

影響學校走向最關鍵的人物，毫無疑問是校長。

每位參加遴選的校長，不免要在治校方案中，寫下自己的教育願景或理念，到任後也會在學校網站上呈現，但「願景」（Vision）兩字讓我感到困惑。

九〇年代正是教育改革風起雲湧的時期，一時之間，教育界增加了很多企業界用語，「願景」就是其中之一。

「願景」是什麼？

以前我只熟悉「遠景」，它代表一個夢想；我也聽過「願力」，它帶有宗教的神祕力量；我更清楚「目標」，它就是努力工作所要達成的標的。

有「遠景」、「願力」、「目標」已經足夠，為什麼還要再創「願景」這個名詞？

不少學者對「願景」兩字有其詮釋，大抵是指「一種視野、遠見」、「長遠的目標、使命和信念」等。看起來，「願景」就像遙遠的彼岸、美好的圖像，類似「禮義廉恥」，或如我就讀臺灣師範大學期間進門抬頭可見的高懸匾額——「止於至善」。

難怪有人說：願景就是「很難、很難的目標」，需要很多、很多的付出才能達到！

如果這麼困難，「願景」這兩個字似乎還未凝聚團隊力量，就先讓人沮喪受挫！

一直到聆聽了某位學者的演講，其一語破的、不落俗套的觀點讓我為之豁然開朗，且深深著迷。

他把「願」拆解為「原」和「頁」，進一步詮釋願景就是「原頁」——原來的那一頁！意思是，我們必須找回心中原來的那一頁，澄明清澈的洞悉內心的原始初衷。

若是再將「景」字解釋為「心中渴望的畫面」，那麼「願景」二字，不僅不會「玄之又玄」或「懸之又懸」，且一切回歸本心、不假外求、近在咫尺。

於是，我自民國九十年擔任校長以來，便以「我的教育原頁」取代「我的教育願景」，目的在提醒自己：無論何時何地，總不要忘了教育的初衷！

那麼，我的教育「原頁」究竟是什麼？

影響我教育原頁的關鍵有三：

1　我出生在文化氣息濃郁的高雄美濃小鎮，當老師是無上榮耀，備受尊敬，不能辜負這個身分；

2　求學歷程一路都有老師照拂，該是我付出的時候了；

3　生下兩個兒子後，面對孩子無邪的面容，內心對他們未來的圖像更有一番盼望。

於是，教育於我而言，便不只是一份領安穩薪水的「職業」，也不是成就自己的「事業」，而是一份榮譽的、助人的、成就他人的「志業」！

校長這個職位影響大，更需要深思「教育原來的那一頁」。我試著用四個L表達原頁的圖像，希望能帶領學校往這個方向走：

- Live（生活）：擁有經營幸福生活的能力
- Love（真愛）：保持真誠關懷周遭的愛心
- Learn（學習）：持續不斷探索學習的熱情
- Leave（留下）：樂於奉獻並留下影響力

四個L不是我的原創，它是美國學者兼暢銷作家史蒂芬．柯維（Stephen Covey）提出的，用四個L描述了生而為人的四個價值，我將它重新詮釋，不時用來檢視辦學方針，洞悉各個教育措施是精緻還是粗糙，同時也是我內心對教育的承諾。

朋友聽完我的描述，認為Leave可以省略，併入Love即可。但我仔細想想，二者仍有不同，比起Love，Leave更強調留給別人怎樣的影響力，換言之，這裡會因為我曾經參與、曾經努力過而不同、並且變得更好，這是我之所以存在的價值與責任。

我常把四個L想像成一個圓或雷達圖，如果某個L不足，原頁圖像就會出現凹陷；如果某個L一枝獨秀，原頁圖像就會像支飛鏢；四個L若能均衡壯大，將會是一個美滿平衡的狀態。

原頁不是供在神壇上的裝飾品，也不是優美但空泛的口號。當學校託付給我的那一刻起，原頁的圖像於焉展開。

2 致詞的藝術

有時致詞是一種心意和禮貌，
代表學校首長對這件事、這個場合、這群夥伴的重視。
若得致詞，我有三個原則：一要短，二要誠，三是最好還能不落俗套。

我聽過一個關於校長的有趣順口溜：「活動致詞先、照相坐中間、走路走前面。」這是許多人對校長印象的側寫，當然也適用於公司老闆或機關首長。就我的觀察，起碼符合七成以上事實。

其中，致詞，是個很特別的文化。

當校長免不了要致詞。學生朝會、教師會議、研習、座談會、觀摩會、聯誼會、感恩會、發表會、校慶、運動會、音樂會、園遊會、展覽會、校外教學、畢業旅行、校際參訪、婚禮、餐會等，幾乎都需要致詞。

有次三天兩夜的畢業旅行，負責總主持的康輔禮數很是周到，頻頻邀請我致詞。

學生整隊出發前：「首先請校長為我們講幾句話。」

上了遊覽車：「請校長幫我們勉勵幾句。」

中午吃飯開動前：「請校長為同學們的表現講評一下。」

營火晚會開場：「掌聲加尖叫歡迎我們的大家長為我們說幾句話。」

晚會結束前：「閉上眼睛，靜下心來，調整呼吸，校長要為大家說幾句感性的話。」

喔喔喔，cue 校長致詞的時機多到讓人想翻白眼，我搖手表示不用。就畢旅而言，幾乎只有晚會前的致詞有必要，其他的能簡則簡、能省則省；即使要說話，也應該由更適合的人來說，例如晚會結束前，各班導師與學生星空夜語，要比請「大家長」說話更有意義。

校長致詞的目的，不外乎是說明活動的意義、期勉，以及表達感謝。外界常認為「校長都很會講話」，隨手拿起麥克風就能長篇大論；如果只是說一些形式上的空話倒也不難，但致詞要說得恰到好處並不是簡單的事，得先做個功課。

若得致詞，我有三個原則：一要短，二要誠，三是最好還能不落俗套。

我常聽友人的小孩抱怨他們的校長，每次朝會致詞都講很久，害他們站得腿痠。我問：「校長都說些什麼？」

小孩眼睛轉啊轉想了想，說：「不知道。」

小孩這番話並不奇怪，回想我們自己當學生時，如果臺上滔滔不絕，臺下便是四大皆空。因此我當校長以來，特別留意去除好為人師的心態，盡量做到要講就講必要、重要、扼要的，更不要為了刷存在感而致詞。

當然我也不是惜字如金的人。有時致詞是一種心意和禮貌，代表學校首長對這件事、這個場合、這群夥伴的重視。

有位朋友告訴我，他們學校來了一位新校長，除了開學典禮，連續三週各個場合都不說話，在一旁做筆記，弄得大家緊張兮兮，不知校長葫蘆裡賣什麼膏藥。

這也挺罕見，我問：「後來呢？」

朋友說：「故弄玄虛吧！可能是到新環境想樹立威嚴，結果三週後，校長動不動就對大家開示。」

呵呵，這真是極端的例子。

致詞不是什麼大學問，但也需要用點心思。

我最常失誤的是唱名問候。

所謂唱名問候，就是一開始「某協會張會長、某中心陳委員、某單位許團長、某團體吳顧問……」的這一段話。

我常搞不清楚「誰比誰大」，專委和專員、經理和協理、團長和總監……，要先唱名問候哪一位呢？

有些來賓彼此有瓜葛也是我這個呆腦很難照顧到的。某次校慶來賓眾多，我在唱名時把兩個名稱十分相近的單位說反了，隨後馬上有家長提醒我這兩個單位是互別苗頭的。

「拜託，這個大家都知道呀！」家長說。

不曉得知道比較好還是不知道比較好，總之，講錯後我內心是有點懊惱的。

說到校慶、畢業典禮這類重大儀典，大概是每年致詞量的最高峰了，不只校長致詞，還會邀請來賓致詞。

來賓通常包括上級長官、民意代表、家長團體、社區機構等，不是每位都需要安排致詞。我也遇過很周到的校長，熱情邀請每位來賓說幾句話，有的還會把麥克風直接塞到你手裡；萬一來賓又真的開講起來……就會有種綿綿無絕期的厭世感。

一般而言，民意代表因為需要跑行程，通常會優先安排致詞，時至今日，民意代表大多也不會講得落落長，到場的目的主要是為了親近選民、爭取能見度。

在這個環節上，不禁要思索一個重要的問題：「致詞對學生的意義是什麼？」

據我觀察，學生對來賓多半很陌生，且對接下來要進行的活動躍躍欲試，太多或太長的致詞反而不討喜，萬一學生忍受不住而發出騷動聲，更是對致詞者不禮貌。

但不可否認，學校需要建立良好的社區關係，來賓更不是閒著沒事來學校串門子，他們也都特別撥出時間來參與盛會，為開場帶來興旺的人氣，做為學校的主人是不該失禮的。

於是，致詞就成為一個容易顧此失彼的流程。

國語實小每年的校慶在五月初夏舉行，近年隨著極端氣候現象更是一年比一年熱，學生進場時因為節目好看還不會覺得酷熱難受，但等到開幕式致詞、頒發各種獎項時，便覺得天上的火球簡直要把人烤熟了。

我於二〇一六年接任國語實小校長後的第一次校慶，便與主任們研商有沒有縮短開幕式時間的可能性。幾經沉澱與思考，決定做三個調整：

1 服務滿十、二十、三十年教師的頒獎表揚，提前到平時兒童朝會辦理，不但時間更為從容，受表揚的教師也真正成為當天的主角。同仁告訴我，其實校慶時他們都要照顧學生或在某處執行任務，若還要上臺接受表揚實在來去匆匆，壓力更大。

2 對家長會及熱心志工的感謝表揚，同樣提前到兒童朝會或校慶預演時辦理，我們在臺上準備好座椅，隆重向學生介紹表揚的事蹟，讓孩子們學習這群爸媽爺奶的公益楷模。

3 開幕式只介紹來賓但不致詞，之後邀請來賓在活動進行中為學生加油打氣，如此一來，來賓對學生的祝福同樣透過麥克風傳遞出來，且不會占用開幕式時間，可說一舉兩得。

我猜，很多人可能好奇，沒讓來賓致詞對方心裡是否會不舒服，特別是民意代表？起先，我也有點擔心，不過當我和來賓事先溝通，很快就得到善意回應，且不斷叮囑我天氣熱別讓學生站太久。我們雙方完全有志一同！同時我也請美工超強的志工幫忙，製作一張張留言卡，讓來賓寫下祝福後，黏貼在大會看板的藝術花園裡，美不勝收，達到多贏的局面。

就這樣，我任內四年的國語實小校慶來賓皆不致詞，加上提前辦理表揚活動，原本耗時九十分鐘的開幕式縮短為五十分鐘，活動緊湊，學生只樂不熱。

原來，來賓是很貼心的，是我們想太多了。

3 踩到歷史的尾巴

歷史感讓我在看待事情時，不會將其視為一個孤立的現象，
而是當做歷史過程的一個環節，
會去關心，會產生情感，會珍惜文化，不會隨意摒棄。

從小，歷史科一直是我的罩門，總是記不牢教科書上的年代、地點、人物、事件，只會在升學大鍋蓋下忿恨咬牙的死背；所謂鑑古知今、以史為鏡，也不過是作文時假裝很有學問的引用成語。

第一次意識到「歷史」的真實，是二〇〇三年採訪甫獲總統文化獎的陳玉峰教授時，他分享了一段經歷：

一九八六年七月十五日我去阿里山採集，在一個懸崖的山壁上看到一種毛茛科的花，

環顧四周，不見有相同的花，若要爬上山壁採集，實在是太危險了。幾番掙扎，還是決定爬上去，小心翼翼的剪一個下來。

回到學校烘乾後拿出來鑑定，在臺大植物系標本館中一張張比對標本，始終沒找到，心想這會不會是新種，還是我鑑定不出來。忐忑不安中，在最後一疊翻到一模一樣的標本，下面的標籤記錄著：「一九三一年七月十五日，佐佐木舜一，於阿里山到塔山之間所採。」

陳教授說當時看到標籤上的文字時，如被雷擊，不禁喊出：「我踩到歷史的尾巴了！」就像火車一樣，後面的車廂和五十五年前的車廂「喀嚓」一聲接上了。

這個故事如此動人，半世紀前有位採集學者，在同樣的地點、同一個季節、同一個日期、同樣的路線、同樣的冒險，採下同樣的植物標本鑑定命名，讓五十五年後的人瞭解這株植物與土地的訊息。

當時採訪的內容非常多，我的任務是要把這些內容寫成一本書。不知為什麼，在眾多材料中，陳教授這段描述讓我特別難忘，不時想像「踩到歷史的尾巴」到底是什麼感覺。陳舊的歷史，要如何和現代人連結在一起？

後來我慢慢體會到，死背的歷史知識根本毫無意義，敏銳的歷史感才是情感聯繫與文化傳承的關鍵。如果學習歷史是為了培養歷史感，學生時代的我應該會愛上歷史。

擔任校長以後，歷史感讓我在做決定時有更多元的考量。

臺北市大橋國小顏淑卿老師有天交給我一大袋印章，那是很多年前學校校舍改建時，物品搬來搬去，不知為何被遺落在某個角落的東西。這些印章大大小小、或方或長，共有一百二十幾枚，從內容判斷，應該是日據時期總務單位保管的校印、藏書印，最大量的是事務章，例如「收入」、「水電費」之類，即使是事務章也都是木刻章，不是橡皮圖章，難怪超過一甲子仍能完好如初，且愈常使用的章，木材愈有光澤。

我請同事將這些章一個個擦拭後蓋在紙上，印章上的字都是手工刻的，流露出電腦刻字欠缺的穩重與篤定。

我注意到有個章上刻著兩排字，上排是「昭和十八年二月二十日」，下排是「火災ニヨリ焼失」。我曾聽資深前輩呂滿老師提起，日據時期學校發生過火災，那次損失慘重，這枚章可能為了製作報廢財產清冊所刻。另外還有一枚刻著「災害復舊費」，顯示為了這場火災善後，也有經費的挹注。後來我訪問到一九四三年就在大橋國小服務的陳期裕老師，他說那場火災校舍毀損嚴重，低年級學生曾借用延平國小、太平國小等鄰近學校上課；中年級則在走廊、禮堂上課……

兩枚事務用的工作章，為那段口述歷史留下了堅實的佐證。昭和十八年（民國三十二年），在祝融災後充滿焦味空氣的大橋國小辦公室中，有位員工忙著盤點損失、報廢記錄，我們觸摸著他握過的印章，彷彿看到前輩在危機事件中恪守不懈，儘管他可能名不見經傳。

我請總務處訂製幾個長方型的壓克力盒，將每一枚印章和蓋出來的印紙安放在裡頭，這些默然不語的印章，卻浮現著當年活脫脫的校園圖像。

「我們擔心學校不在意，之前差點當成報廢品丟掉，感謝校長您如此珍惜。」淑卿老師這麼說。

我有點理解陳玉峰教授所謂「踩到歷史尾巴」的意思了，原來這種歷史感代表著對土地、對學校的認同。歷史感讓我在看待事情時，不會將其視為一個孤立的現象，而是當做歷史過程的一個環節，會去關心，會產生情感，會珍惜文化，不會隨意摒棄。

大橋國小八十週年校慶當天，我在致詞時說了一段話：「大橋的師長令人讚佩，著名兒歌〈造飛機〉的作詞者，就是本校的吳開芽老師……」沒想到吳老師的女兒吳幸就在臺下，她對這段話感到好奇：「林校長怎麼知道這些事？」當日她以校友身分返校，我們彼此不認識，因為校慶人多，她打算隔一陣子再來訪。

未料兩週後，我就打電話給她了。吳幸是光復後第一屆校友，她在受訪時說：「這太神奇了，原來林校長從第八屆校友得知，吳開芽老師曾帶學生去臺灣廣播電臺（今中國廣播公司）參加歌唱比賽，〈造飛機〉就是其中一首。林校長再上網找到一篇文章，知道吳開芽老師的女兒就是我。而後整理校慶返校校友資料時，看到我的名字，才打電話來確認。」

這一通電話，牽引出更多寶貴的訊息。包括吳開芽老師和大橋國小的因緣，他喜愛音樂，常常做了好曲子就教學生唱。吳幸說：「林校長一路循線查索，對史料如此看重，真是令人感動。」

時代巨輪不斷向前滾動，有歷史感的校長，看待時間的態度有所不同，更渴望追求一種古今相互連結的精神。

臺北市明德國小有不少教室的門是木製的，非常厚重。隨著教室資訊設備愈來愈多，如何維護財產安全，做好門禁管制，成了不得不面對的問題。

保全系統運用科技技術，在門窗安裝磁簧之類的感測器，一旦門窗被推開便會觸發使警報器大響、保全人員迅速抵達……。這是個好設計，免去巡邏人力的不足，但明德國小厚重的木板門已經無法和門框密合，老師有時還得用鐵線使力纏住鎖頭，讓門「關好一點」。

但這也是徒勞無功。夜裡風一吹，門板稍微彈開，警報就嗚嗚哇哇的響徹校園。

於是我們向教育局申請了門窗改善工程，換掉厚重的門板。履勘過程中，發現這些一再造成保全困擾的門，竟都是上好的檜木所製，硬度高，挺過了學生長年頻繁活潑的使用。

我們捨不得，卻也無法再留。怎麼辦？月桂和一凡兩位老師提供了好主意。我們請廠商幫忙將門板裁成一塊塊方形，重新上白漆後，指導學生在上頭藝術創作，而後布置在各樓層的梯間，用另一種形式留下了它們。

歷史感不完全是懷舊，它更能激發團體的熱誠。

今日不忘從前，來時便不忘今朝。

臺北市士東國小老舊的南棟校舍經評估必須拆除，後文第四章的「再見了，南棟」提到：「拆除後，與活動中心二樓接壤處留下了一個缺口——那本來是通道的門。」建築師將砌磚封門補漆，並設法把這缺口盡可能補到外觀看不出來。

但一棟曾經充盈琅琅書聲的建築，怎捨得讓它存在過的痕跡「看不出來」！我找了婉容老師幫忙，希望能在外牆畫一座通往消失的門的空中階梯，象徵當年南棟與活動中心的連接走廊，將來大家抬頭仰望，還能記得這棟陪伴師生數十載的「南棟爺爺」！

在面臨重大挑戰和改變的時刻，歷史感無疑凝聚了同仁的向心力。

臺北捷運萬大線通過植物園沿線，結合國語實小大樓共構站體。由於地底為植物園遺址，為了維護遺址的完整及保存文物，初期先進行「人工考古開挖」。

在研究處及社會領域老師的聯繫下，二〇一七年十二月六日下午，我們一行人前往中央研究院歷史語言研究所，一方面參加考古團隊郭素秋博士主講的「萬大線植物園案階段性成果報告」，一方面和郭博士討論如何讓學校師生、甚至社區，能藉由考古的歷程和成果更認識這塊土地。

郭博士表示，由於出土文物很多，如果學校願意，可以代為爭取部分文物在學校展示，甚至讓學生有機會觸摸。

我仔細思索，最適合展出的位置莫過於共構大樓中的學校圖書館，這裡空間足夠，闢出一角專區，介紹植物園遺址、布置考古過程的影音照片，以及出土文物的展示區，並不困難。更重要的是，師生站在這裡，和二千年前地底的文化相連，該是多麼奇妙的體驗。

捷運載著我們平面橫向的移動，歷史帶著我們立面縱向的穿越，一橫一縱，在此時此刻，我們一起走到這一步，然後交會！

二〇一九年國語實驗團隊設計了六年級「漫步城南」課程，學生小組合作，選定城南地區蒐集資料並實地勘察，完成各組的導覽手冊。其中有組學生的作品讓我印象特別深刻，多數學生選擇的是知名景點，如欽差行臺、南機場、博物館等，但這組孩子選擇了兩條路：三元街、汀州路。

他們查閱資料時，發現三元街原本是新店溪的支流：

我是米娜（學生虛擬的黑面琵鷺之名）。今天早上，我在城南整齊劃一的棋盤式街道上空飛飛逛逛時，發現了一條彎曲不筆直的街道，決定前去一探究竟，原來這蜿蜒的道路叫三元街。

三元街原本是新店溪的支流，所以地勢比附近的街道低，如果從國語實小沿著南海路往西藏路到三元街口停下來回頭看，您將發現明顯的高低差呢！原來它的蜿蜒曲折是古河道的最佳證明啊！……

他們還發現，汀州路原本是鐵道：

今天決定到三元街附近的汀州路逛逛，汀州路不像三元街那麼寬，但是比三元街筆直了一些。據說汀州路以前是一條鐵道，是萬華到新店主要通道。

萬新鐵道是以前運送木材、礦產、稻米、茶葉和載送旅客的主要交通路線，在日據時期運輸量很高：二次大戰後，這條鐵路的運輸量銳減，後來竟然成為臺灣鐵路管理局賠最多錢的一條路線。載客量與稻米礦產大幅減少，加上漸漸有其他更便利的交通設施取代，於是萬新鐵道長達四十四年的生命也隨之結束，只留下部分遺跡讓人遙想懷念。……

看完學生作品，我問：「你們知道這些後，有什麼感想？」

學生歪頭想了幾秒鐘後回答：「以前在三元街騎腳踏車時，上坡路段好累，心裡有時

艋舺大道
汀州路
和平西路
三元街
新店溪

會抱怨這條路面；後來知道這裡曾是河道，反而覺得自己騎在古時候的河流上，很威風。」又說：「汀州路很窄，以前也會暗自取笑這麼窄還叫『路』，現在知道它的前身是鐵道，我和歷史只隔著鞋底，走起路來感受都不同了。」

我看著學生，他們更懂得謙卑、珍惜，且有一種因認識家鄉而產生的柔軟，心中忍不住輕嘆：「這就是歷史感啊！」

4 招牌牛仔褲

校長穿牛仔褲上班到底好不好？
最起碼整齊清爽，沒有奇裝異服；
遇到重要場合，也不會失禮亂踩紅線。

不確定從什麼時候開始，牛仔褲穿搭成了我唯一的上班服。說「唯一」有點誇張，不過也接近百分百了。

起先，是因為牛仔褲方便，上身不論穿襯衫、線衫、長短T恤都好搭，也多少有裝年輕的意味；後來發現出門不用為穿衣煩惱，更是樂得輕鬆。

初任校長不久，依規定參加一場防災演練的研習，我們一大群校長在禮堂二樓觀眾席觀看演練，一位資深校長輕輕挪移到我身邊，低聲說：「當校長了，不要穿這樣。」

我愣了一下，隨即意識到是指穿牛仔褲這件事。

抬起頭舉目望去，上百位校長中，果真沒有其他女校長穿牛仔褲，就是男校長也沒有人這樣穿。

以前我只知道正式場合不適合穿牛仔褲，沒有意識到頂著「校長」這個頭銜時，隨處都是「正式場合」！

我雖然猶豫了一下，不過方便性戰勝了一切，依然故我照穿不誤。我還查過牛仔褲的起源，最初是設計給淘金工人穿的，耐穿不易破，所以我把它解讀為「工作服」，而校長到校上班，不就是去工作嗎？

當然，我穿的是保守的牛仔褲，沒有時髦的破洞、低腰、流蘇或大喇叭，我覺得已經很低調了。

不論是不是歪理，總之，牛仔褲扎扎實實陪伴了我長達近二十年的校長生涯。

第一次內心隱約感到不安，是在擔任明德國小校長任內，日本議員到校參訪時。

二〇〇六年，來自大阪的議員前田先生和夫人、女兒一起到校，他們一家人幾乎每年都會來拜訪，尤其對學校的書法教育特別感興趣。

議員一家人十分親切有禮，透過翻譯，我們也交換了很多心得。初次互動時，議員女兒微笑的問道：「校長您好特別，請問臺灣的校長都會穿牛仔褲上班嗎？」

啊！這意思是……我盡力保持面容的自在，向翻譯人員求救：「這該怎麼回答才好呢？的確是我比較不講究，似乎失禮了，您幫我給個說法好嗎？」

翻譯人員用日語向賓客說了一串，只見對方笑容依舊親切，忽而點頭忽而喉嚨發出輕聲的驚呼，最後翻譯告訴我：「前田小姐說您很有趣。」看來似乎能解圍了，但我還是想趕快結束牛仔褲話題。

事後我想，日本是個相當重視禮儀的民族，工作場合的服裝也比較講究，尤其是首長更為嚴肅。日後只要有日本來賓到訪，或是公出到日本參訪學校、政府機構，我都不敢再穿牛仔褲。

然而，同樣和新加坡、香港、中國交流，我又回到「牛仔褲校長」的模樣接待訪問團。當中也曾遇過外賓好奇問起，不過等我解釋這樣工作比較方便時，他們幾乎都用羨慕的語氣說：「這樣真好，不然太拘束了。」

或許來賓是給我臺階下，不過，參訪內容才是王道，當內容夠有料，校長不符主流的穿著就搖身變成「特色」。

當然，這特色也讓有些好友看不下去。

別說媽媽、妹妹、弟媳三不五時送我衣服，我以前當組長時的主任，已經高齡七、八十歲了，每年過節前就會買幾件外套、襯衫送到我家；二〇一六年即將從士東國小轉任國語實小時，老師和家長好友語重心長的提醒我：「要進城當校長了，穿好一點。」意思是，國語實小位於臺北城內，比較重視形象；而士東國小位於士林天母地區，穿什麼可以比較隨興。在歡送我的禮物中，就有幾件比T恤要正式許多的上衣，可以搭配我的牛仔褲，呵！

事實上，大家都多慮了。

我的牛仔褲標誌在國語實小廣泛的被師生接納，偶爾因為要拍團體照穿個裙子，大家馬上有感，紛紛讚美：「校長這樣穿好漂亮。」看吧！這可不是長年盛裝的校長可以輕易獲得的讚美。

不過，穿了這麼多年的牛仔褲，也給我帶來另一種困擾，那就是：喪失穿正裝的能力！

每逢主持正經八百的重要儀典，像畢業典禮之類，我可不敢穿牛仔褲上場主持。這時，我得張羅有架勢點的正式服裝。

然而我的衣櫃單薄，絕大多數都是搭配牛仔褲的上衣，也沒時間上街買衣服。好友瑜婕看過我捉襟見肘的模樣，出國時一口氣買了幾件洋裝給我：兩手伸進袖子，再把頭套進去就搞定的懶人服——我可是省著穿啊！

兒子準備要結婚了，提親前一天，擔任「便媒人」的同事邱主任不放心，特別來電叮嚀：「校長，明天你可千萬別穿牛仔褲。」接著又說了一連串威脅我的話……。原來，我的牛仔褲形象已經「深植人心」。

每年召開兩次的臺北市全市國小校長會議，十九年來有時會有校長夥伴和我開玩笑：「玫伶校長穿牛仔褲，很好認呢！」「聽說您都穿牛仔褲，果然名不虛傳。」

不過據我觀察，如今也偶有穿牛仔褲上班、開會的男校長；女校長大概只有校外教學、畢業旅行這類的行程才會這樣穿。

校長穿牛仔褲上班到底好不好？

我不敢亂下評斷。這麼多年來，最起碼做到整齊清爽，沒有奇裝異服；遇到重要場合，也不會失禮亂踩紅線。

退休前夕，我收到大橋國小的家長好友秀雲送來自己編織的提袋，還附上一張卡片，上面寫著：

「這個水瓶提袋是用孟加拉手捻麻線所編織，顏色正好搭配一年三百五十天穿著牛仔褲的校長。」

美哉是言。

退休交接典禮上，我穿著牛仔褲，內心很高興，終於可以在重要場合上任性一回了。

5 風生水起求好運

我打從心裡不怎麼相信占卜算命，但也不至於鐵齒；對風水方位信少疑多，但也不會排斥。不主動、不拒絕、不認真，參考就好——「三不一好」就是我對術數的態度。

第一次上任履新前，學校總務處來電：「校長好，要幫您刻個首長印鑑章，請問有沒有特殊需求？」

我一時不解，總務處便耐心向我解釋，原來，日後這枚章會用在學校正式文件、學校支票等，有些校長很講究，會請專業刻印店製作「開運印章」。

開運印章會參考印章主人的生辰八字、姓名筆畫、幸運方位和良辰吉日，選個好印材雕刻，再經持咒開光，就成了有靈性的印章。

「看校長需不需要！」

我說：「太『厚工』了！一般的印章就好。」

於是，總務處後來幫我刻了一枚常見的黑角五分篆體印章，握在手裡也實實在在，感覺還挺好的。

之後，不論到哪所學校任職，我都使用這枚印章，十九年過去，一切都順利，它雖沒開光開運，一樣有靈氣。

你相信風水方位嗎？

多年前，我寫了一本童書《紫微阿斗數》，紫微不是關鍵，阿斗才是重點，從書名就知道這是本對算命亂入的書。沒錯，我刻意運用江湖術士之話語，教小朋友學算自己的命、學走自己的路。

說起來，我打從心裡不怎麼相信占卜算命，但也不至於鐵齒；對風水方位信少疑多，但也不會排斥。

不主動、不拒絕、不認真，參考就好——「三不一好」就是我對術數的態度。但，當了校長以後，這些問題時不時會冒出來考驗我。

首先，是校長室擺設的方位。

有次前輩來大橋國小探望我，還沒談話前，前輩看了看校長室的布置，問道：「校長椅子後面的那幅對聯，落款者和你的關係是……」

「是同期的校長贈送的。」我回答。

「同期呀！」前輩思考了一下，又問：「年紀比你大嗎？」

「是的。」

「那麼……這還可以。」前輩解釋：「主位椅子背後代表你的『靠山』，張掛的字畫作者，職位要比你高或年紀輩分比你大，你才有得靠。要不然，掛幅有山的畫也可以。」

後來我發現，「靠山」似乎是辦公室方位考量的重點。

到明德國小任職時，校長室原有的擺設位置我都沒改變。某天友人來訪，他看了看，說：「這裡北邊地勢較高，校長辦公桌應該要坐北朝南，這樣才會居於高處，且背有靠山。」

基於靠山之說，友人強烈建議我將辦公桌轉個方向。

幾年後，我到士東國小任職時，同事告訴我校長辦公桌的方位是大師指點後擺設的，應該很完美。但這裡有西曬問題，到了下午陽光斜射進來，正好灑落在辦公桌上，我可不想戴墨鏡或撐傘辦公，所以不管什麼方位，就把桌子搬到靠近走廊一側，不但避開西曬，且學生行經走廊時，都會熱情和我打招呼呢！

方位之說我並不在意，只要動線順暢、做事方便，一切就ＯＫ。但如果學校連續發生一些事情，就很容易引起團體成員潛在的不安，有時甚而希望有高人來「處理處理」；這時身為校長的我反而慎重看待，不會視為無稽之談置之不理。

例如，有一陣子學校連續幾位老師健康檢查出現問題，同事疑心會不會和鄰近大樓的行動通信基地臺電磁波有關？

我一面申請檢查，一面借了檢測儀器讓同事自行測量，結果並無問題。這時有同事告訴我，最近剛做好的側門，不鏽鋼隔籬的角度宛如一把利刃刺向學校，可能因為這樣，影響到成員的健康。

「真的嗎？」我覺得自己的想像力真不好。

「有家長懂這個，送小孩上學時看到了，特別提醒我們。」同事回答。

我從幾個角度仔細看了這座不到兩公尺的鋼製圍籬，這是為了門禁安全的新設施，有其必要，不可能拆掉。但當群體開始有不安的情緒浮動時，本來沒怎樣的物件也會愈看愈覺得心神不寧。

心慌則意亂，我必須正視這問題。

解鈴還須繫鈴人，風水結，必得用風水解。

我託前輩請來一位大師到校，大師看了看，說：「簡單，在圍籬端點放一盆松柏之類的植栽，就可以擋掉煞氣了。」

這太容易了。我請人買了一株枝繁葉茂的黑松盆栽，高過於圍籬，放著一擋，問題全解決了。老實說，我非常感謝這位大師，沒提出個大興土木之類的點子，就輕易化解大家心裡的疙瘩。

還有，校長的八字重不重，有時也是茶餘飯後的話題，特別是在校慶、運動會之際。

這天若是下雨，大大影響活動的進行，大家無不祈求上天賜予好天氣，讓練習多日的活動能不打折扣的呈現出來。我主持了十九年、共十九次的校慶活動，老天爺可說太幫忙了，有時校慶前一天還在下雨，當天竟是晴空萬里，有時運動會結束才下雨，那更是幸運中的幸運。

有些校長會為了祈求好天氣吃素，虔敬的心令人感動。其實我們都深知，在老天爺面前只能謙卑，天晴天雨根本不是誰能決定的，除了事先預備好替代方案，其他只能望天了。

學校是教育場所，也是社會縮影。

農曆七月學校都會舉行普渡儀式，每有大型工程，民俗祭祀必不能免，求人員平安、求工程順利。

負責處理學生事件的處室，開玩笑說不吃鳳梨，連鳳梨酥也不碰，以免事件「旺旺來」。

我見過十分重視風水方位的校長，某處要擺魚缸、某處要有綠色盆栽、某處要設置屏風、某處要安放風水球，鑽研甚深。

我認為這些都是求個心安，畢竟校園不確定因素太多了，無法掌握的，只好期待宇宙神祕的力量。

而我的「三不一好」原則，反而讓我行走江湖，海闊天空。

6 交接典禮

我想要的是真心，不是排場；真心不需擺設，排場令人疲憊。
校長治校之良窳和交接典禮的聲勢，實在毫不相關啊！

二〇〇〇年起，中小學校長由派任制改為遴選制，改變了校園的生態，也產生了有趣的校長交接現象。

我擔任老師時，曾遇過一次校長異動。那時候還是派任制，交接典禮流程非常簡單，全校教師坐在大辦公室，卸任校長、新任校長和督學分別致詞，致詞結束典禮也就結束，毫不拖沓。

大家可能不知道，其實學校交接前一刻，縣市教育局會統一辦理布達典禮，通常由縣市首長擔任主持，所有新任校長舉手宣誓就職，可以想像場面之隆重。

我聽說一位前輩校長，在布達後騎著腳踏車到新學校。警衛趨前問道：「這位先生有什麼事嗎？您找哪位？」

新校長回答：「我是新來的校長。」警衛不太相信，還鬧出了一些笑話。當然，那時是派任制。

不知為何，這位酷校長的故事烙印在我心裡，不因一己之事而給眾人添麻煩，成為我想效法的對象。

當我真正成為校長時，卻發現完全不是這麼回事。最主要的原因，是制度改變了，家長、教師、行政代表在遴選過程扮演重要角色，大家認為校長上任這一天，應該好好設計一場儀式，以示熱烈歡迎校長之意；而即將卸任的校長，也會將這天視為任內的句點，想把這個圓圈圈畫好、畫滿。

我的校長生涯從二〇〇一年開始，也是遴選制實施後的第二年。自此共歷任四所學校，換言之，一共經歷了四次交接典禮；當然也參加過其他校長的交接，見證十九年來典禮由簡轉繁，用「愈演愈烈」形容，似乎也不為過。

第一次的交接典禮，對我而言是生平第一次當校長，加上遴選制實施不久，幾乎沒有

「範本」可參考。

交接當日，因為上任學校幾週前，有位主任不幸辭世，雖然我還來不及認識，但內心覺得不宜張燈結綵、花紅柳綠，於是穿著一襲白色洋裝，化上淡妝，暗自表示我對這位主任的悼惜。

典禮流程看似簡單，但是其實頗有「深意」。前半段不外乎是介紹來賓、交接印信、致詞；到了「致贈紀念品」時就熱鬧了。

「交」的一方，家長會、校友會、合唱團、校長同期、研究所同學代表……等等十幾個單位，紛紛上前致贈卸任校長紀念品；我是「接」的一方，一點也沒想到要把紀念品像聘禮般擺出來。

「校內」的老師和家長會長這下急了，趕快把已經放在我車上的一幅油畫、紀念牌、養生醋、咖啡杯等拿到會場，再煞有其事的致贈給我。

好累呀！和我想像的簡單、樸素、迅速完全不同。

事後，在校長界還是初生之犢的我，大膽寫了封信建議教育局，統一布達後校長們就直接到新學校「開工」，各校不用再勞師動眾辦理交接典禮。

教育局回函說明，只要不過度鋪張，還是尊重各校做法。於是我心想：「以後我自己做到就好。」

但這也是不切實際的想法。

因為交接典禮有交、接二方，若我特立獨行，不免掃大家的興，讓人無所適從，我也可能落得矯情之譏。

尤其觀察近來的校長交接典禮，從印製請柬、安排名車接送、廣邀各界來賓觀禮、重量級大咖致詞、樂團演奏、置辦豐盛的點心茶水、訂製小物贈送來賓等，幾乎媲美舉辦一場婚禮的規模。

於是，我漸漸與自己的內心妥協出新想法：一切以另一位校長為主！

如果我是卸任校長，那麼新任校長提出的任何構想，我必定全力配合。如果新任校長沒意見，我也有本事為新任校長籌辦出人力、時間、金錢成本不高，溫馨有趣且可看性極高的典禮。

例如，我曾設計以婚禮走紅毯的方式，在〈今天妳要嫁給我〉的音樂中，為新校長蓋上頭紗，我在紅毯另一端迎接新校長；再由監交人「證婚」，讓新校長歡喜說出「Yes, I do.」，正式「嫁」給了新學校。

如果我是新任校長，那就好好感謝原任校長的治校經營，讓我能順利接棒。至於儀典的進行，完全尊重原任校長的規劃，但是我不發帖、不動員、不安排表演。為了替我一人打光，而讓眾人暑假期間舟車勞頓來當鼓掌部隊，實在令我不自在。

我想要的是真心，不是排場；真心不需擺設，排場令人疲憊。據我所知，和我有同樣想法的校長也大有人在。

更重要的原因是，校長治校之良窳和交接典禮的聲勢，實在毫不相關啊！

校長生涯中的最後一次交接，就是我的退休之日了。早在退休前的六月期末，學校同仁就煞費苦心籌備了一場歡送儀式，各學年、各領域的老師、家長會和志工團結合他們的專長特質，發揮創意搞笑，甚至還祕密策動我兒子專程北上，歡送會上現身又獻聲。最後，大家送我一份退休證書，備注欄寫著：

1 校長學識豐富、談吐如流，特聘為學校各項講座常駐講師，定期為親師增長智慧、淨化心靈。

2 校長文筆優異、才思敏捷，特聘為學校一九九九專業寫手，協助同仁與筆友互動戰無不勝、攻無不克。

3 校長智慧過人、縱橫沙場，特聘為本校疑難雜症諮詢委員，幫助同仁逢凶化吉、出入平安。

4 校長勤政愛民、萬民愛戴，今日特聘為學校永遠好友，經常與同事夥伴談天說笑、吃喝玩樂。

十分感謝我能和夥伴們在最美好的時刻「分手」，八月一日的交接典禮，我也終於可以率性而為。

這一天，我頭綁馬尾，身著白色襯衫搭牛仔褲，穿上白球鞋，這是我最自在的樣子。不動員邀請觀禮的情況下，仍有許多不請自來的夥伴朋友，但大家似乎有點擔心場面太單薄，紛紛和我合照，想營造出「人氣旺」的景象。

親愛的好朋友們，別多慮，你們老早就送給我滿到溢出來的真心，每一顆都可以讓我細看到地老天荒啊！

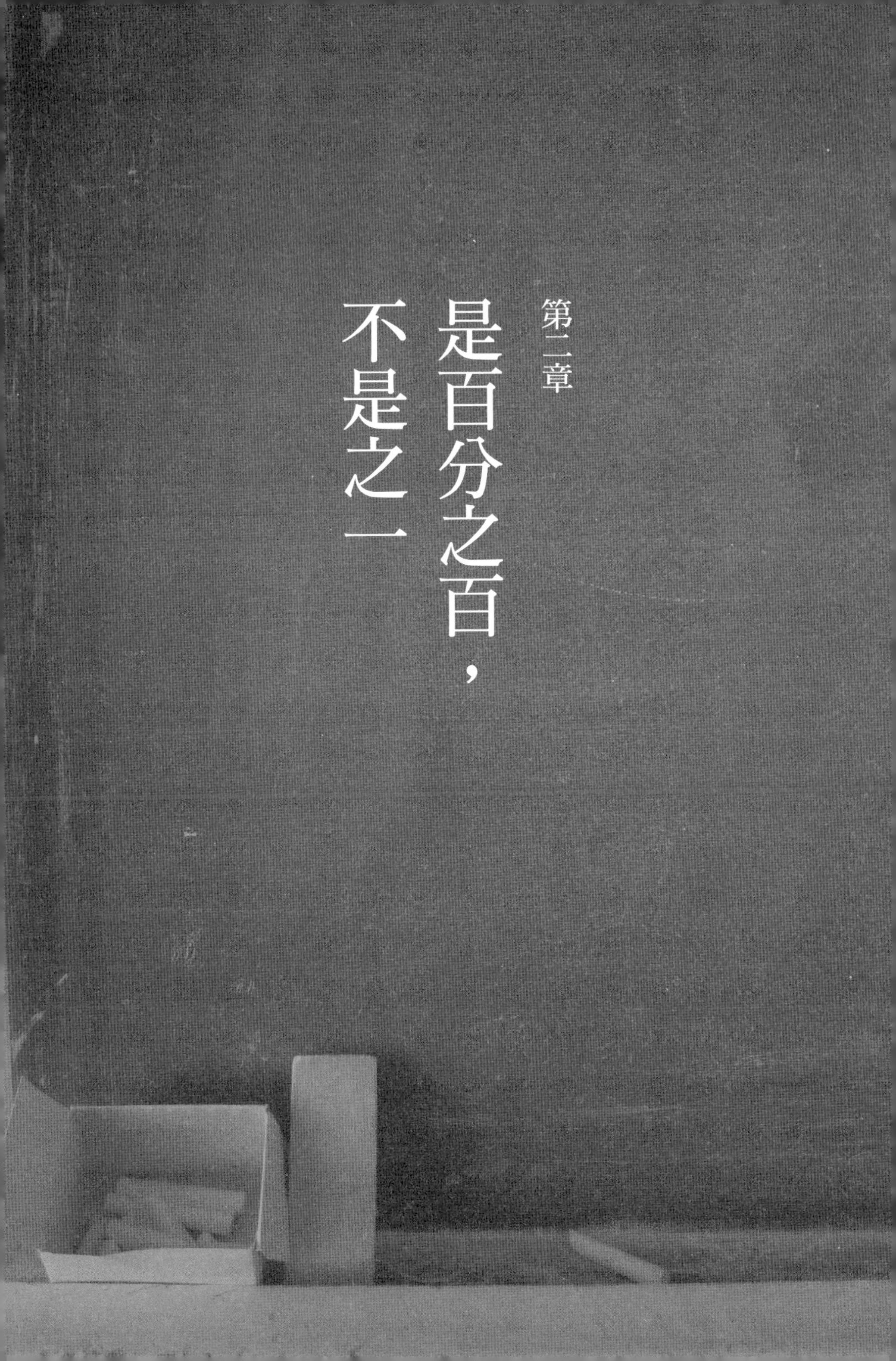

第二章 是百分之百，不是之一

7 一張小書桌

弱勢兒童家中的教育資源嚴重缺乏，
不但沒有電腦、沒有字典、沒有參考書和測驗卷，甚至連書桌都沒有。
學校送的小書桌，雖然還是扛不住一整個家庭的負擔，
但真真確確承載了我們對孩子的關愛與期盼。

小時候，家裡沒有書桌。

我家開戲院，作息和多數同學都不一樣。電影還沒散場前，我大多坐在戲院入口充當「掌門人」；要不就是在「停車區」挑一臺客人的摩托車，坐在上頭溫書；或是鑽到售票間，在狹長的櫃檯上寫作業。一直到電影散場、打掃戲院後，大概晚上十點才收工，就準備要鑽進我們五個兄弟姊妹的大通鋪睡覺了。

爸爸曾經一度讓我睡在戲院二樓的「臨檢室」，那兒非常狹窄，我在榻榻米上放了一

個小木箱當做書桌，可以在上頭讀書寫字，擁有這樣的空間竟讓我著迷不已。後來我搬到樓下和阿嬤一起睡，終於擁有一張有腳、有抽屜的書桌。

有自己的書桌，感覺很特別，雖然不過是一方之地，卻好像擁有了廣袤的私人領土。

有次到同學家一起溫書，晚餐過後，長輩們在客廳泡茶聊天，同學則搬了張有扶手的老藤椅到庭院，再拿出一塊長方形木板跨在藤椅扶手上，便成了一個活動書桌，非常有創意。我也分到一塊木板，學同學跨在藤椅扶手上，兩人就這樣面對面坐在「可掀式書桌」上準備月考。

即使是這麼克難的書桌，仍不減同學對它的珍視。那塊木板表面烏亮亮的，顯見我這位同學是「苟日用、日日用，又日用」。

經過那麼多年，現在書桌幾乎已經成為每個孩子的基本配備，有時在百貨公司或家具賣場看到書桌椅的「進化」，不僅在視覺上充滿設計感，還講究人體工學，護背、護脊，真讓人又佩服、又欣羨。

二〇一二年，有個民間基金會發布了「弱勢兒童生活困境調查報告」，報告中有個標題引起我的注意：「沒有書桌，只能趴在床上寫功課。」

報導指出，弱勢兒童吃不飽之外，家中的教育資源也嚴重缺乏，不但沒有電腦、沒有字典、沒有參考書和測驗卷，甚至連書桌都沒有，只能隨便找個地方窩著寫功課，也難怪弱勢孩子的學習狀況普遍不理想。

這段報導讓我一下子回想起小時候的「書桌渴望」，過去種種畫面瞬間湧上腦海，我能體會書桌帶給孩子的意義。如今我當校長了，比起以前更有能力，也更有資源，我一定可以做些什麼。

我先請導師調查班上有書桌需求的學生家庭，要注意的是，即使有需求，也不代表有空間可以放置書桌。我曾到一個單親家庭訪問，目睹母女倆蝸居在舅舅家裡的一間儲藏室，裡面只夠擺一張單人床墊，生活用品和衣物都散落在這張床墊上，連行走都得踩在衣物上，遑論擺一張書桌。

沒有書桌的家庭，推測家裡空間也可能很有限，因此，「小書桌」會是個好選項；如果可能的話，每個在學的孩子都能有一張自己的小書桌更好。

是啊，小書桌！

我們很快聯想到學校的課桌椅。傳統木製桌椅輕便好搬動，比後來鋼製的可調式桌椅更適合，機動性更高。

木製課桌椅學校多的是。少子化浪潮又快又急，各校的課桌椅閒置狀況愈來愈多，加上可調式桌椅的政策，這些狀況良好的木製桌椅瞬間報廢，有些學校甚至堆積如山。媒體報導有些學校把這些課桌椅捐給弱勢團體或社福單位，這當然是好事，不過若能優先照顧自己學校的弱勢學生，是不是更有意義呢？

我們調查後得知，全校一千多名孩子有七人家裡需要小書桌。比例不高，但在都會地區，這七名孩子和同儕的差距是非常遙遠的。

學校同仁和志工安排時間，放學後搬著書桌和孩子一起回家，幫孩子擺正在屋內一隅。那位和母親蝸居在儲藏室的學生，我們幫她與舅舅溝通，讓書桌可以靠放在儲藏室門外的牆邊。

有個孩子希望我們把書桌搬到爸媽做生意的地方。

那是賣麵的路邊攤，攤位旁有兩、三張給顧客用餐的桌子。我的學生傍晚開始就在這兒乖巧的幫忙爸媽，沒客人時便拿出作業在桌上寫；客人多時，她要幫忙端麵、端小菜、收碗盤、擦桌椅，難怪老師說她的作業簿上常有油漬。

有時座位客滿，她就坐在攤位後面角落的小矮凳上，把牛奶箱翻過來充當桌面，有一搭、沒一搭的完成作業。

學校送的小書桌，取代了因陋就簡的牛奶箱，不突兀，收納方便。她和爸媽靦腆的笑著收下這份同仁口中所謂「報廢可惜，幫忙用啦」的小書桌。

小小一張書桌，雖然還是扛不住一整個家庭的負擔，但真真確確承載了我們對孩子的關愛與期盼。

8 每年救一個

有位教育界的教授曾說：「不用多，每位老師每年救一個學生就好。」

這句話看似容易，實際上並不簡單。

但，我一直努力著。

輔導室接到老師一則通報：某班有個女孩長期遭同學排擠，這天，班上同學趁女孩午睡時剪掉她一小撮頭髮。

這個女孩我認得。

她的指甲縫黑黑的，長了也不剪。衣服總是髒兮兮的，長袖運動服的袖口線頭都鬆掉了，袖子的手肘部位又黑又油，可能是常常用來擦嘴沾染的汙垢。她的頭髮很久才洗一次，一團一團黏在一起，原本該是一頭細柔的髮絲，反而有如一坨油麵條。因為衛生習慣差，身上老是有一股異味，同學都不喜歡親近她。

老師多次提醒女孩和家長要注意整潔問題，也多次提供二手制服讓女孩更換。但女孩的爸爸入獄了，媽媽不知去向，目前和阿公住在一起；但阿公體力健壯，愛「飄撇」，每天給女孩一點餐費後，自己跑到外面遊蕩。換言之，女孩的家庭幾乎沒有功能。

老師還發現，女孩月事期間好幾天才換一片衛生棉。雖然家庭有低收入戶補助，但孩子成長過程文化刺激微弱，既沒有家長照顧，也沒有來自母親的稱職教導，家庭對她而言，僅僅維持了最低的「溫飽」生理需求。

這個落差造成的人際問題，到了高年級愈來愈顯著。

班上同學剛開始刻意和她保持距離，漸漸的，出現有些誇張的舉止。例如，組長收作業時會故意用拇指和食指拎起女孩簿本一角，一副嫌髒的樣子；發還作業時，也會戲謔的特別強調哪些簿本有和女孩作業碰觸過，往往引起其他同學一陣嫌惡；凡是女孩碰過的物品，調皮的男生會拿來沾惹他人，變成一種充滿惡意的遊戲。

女孩幾乎被孤立，很明顯的，這是關係霸凌。

導師多次制止班上這股歪風，有時暫停了好一陣子，不久又死灰復燃。

然而，女孩也渴望交朋友，不管同學怎麼捉弄，她總是呵呵的傻笑，不還嘴也不生氣。

這次是起嚴重事件。午休時，有個同學溜到女孩背後，用剪刀剪了女孩一小截頭髮，準備拿這截頭髮作弄其他同學。女孩醒來知道了，也只是撥一撥頭髮，依舊傻傻的笑著。

「該怎麼徹底解決？」輔導老師、導師和我傷透腦筋。

惡作劇的同學要受懲罰，班級學生也要進行輔導；不過女孩的問題也得從根本處理，讓她學會照顧自己、保護自己，才能建立自信，與其他同學平等的相處。

女孩沒有媽媽，我們一起當她的媽媽吧！

我們找了幾位志工媽媽幫忙，利用學校生活教室的衛浴設備，要女孩每天上學第一件事，就是去生活教室洗澡、洗髮。志工媽媽教導她怎麼整理頭髮、怎麼洗衣服、怎麼修剪指甲、生理期怎麼照顧……

「媽媽們」的「整潔策略」，似乎解開了女孩人際互動的死結，加上導師對全班恩威並濟，事態終於有了明顯改善。

另一個女孩，短短二週內就偷竊了三次。

前兩次是偷同學的零錢包和文具，第三次是偷家裡的錢，學校一直到家長跑來學校查問才知曉，並將三次事件兜在一起。

這個女孩是住在寄養家庭的孩子，寄養爸媽表示，他們收養了三、四個孩子，不知道這個女孩為什麼有偷竊的「習慣」。

用「習慣」來形容，表示這行為已經發生多次。爸媽說，女孩每次拿一張紙鈔，或一百、或五百，或一千，錢藏得很好，有時藏在鞋底，有時藏在床板下，還有一次藏在馬桶水箱裡，他們後來才發現錢被偷了。

與爸媽溝通的過程中，得知他們是寄養家庭的支持者、行動者，撫養過二十幾個孩子，每個孩子的原生家庭都有一大串故事。這個女孩轉換過兩次寄養家庭，到現在已經是第三個，如今接連發生偷竊行為，爸媽想和學校合作，看看如何輔導她。

我們查清楚偷竊事件的來龍去脈，也讓女孩面對自己的錯誤，物歸原主之外，還要進行為期二週的勞動服務；輔導老師同時也展開諮商輔導，不知道要觸碰到多深才能幫助女孩導正行為。

除了這些，我們還能做點什麼？

我找了一個手掌大小的可愛小豬陶瓷撲滿。

我指著校長室大大小小六、七個盆栽，對女孩說：「勞動服務過後，可以幫校長照顧這些盆栽嗎？這是額外的工作，每天要澆水，拔除枯黃的葉子。如果你願意，每完成一次，校長會付給你十元。」

接著我拿出撲滿，又說：「不過，薪水先存在這裡，等小豬裝滿你賺來的錢，我就會將整個撲滿交給你。」

女孩靜靜看著我手上的撲滿，輕輕點了頭。

我請她用麥克筆在小豬肚子簽上自己的名字，表示這個撲滿從此屬於她。

「今天就開始工作好嗎？」我帶著女孩教她怎麼澆水、怎麼整理，不一會兒就完成了。

「自己把錢投進去。」我給她一個十元硬幣。「叩」的一聲，是硬幣和陶瓷撞擊的聲音。

我拿起撲滿，搖一搖，笑著說：「這是你的薪水。明天記得來喔！」

撲滿最終沒有存滿。

事件後大約三週，女孩要回原生家庭了，學區不屬於我們這裡。辦轉學手續前，我將撲滿交給她，女孩還是靜靜的，不過握著撲滿的手，緊緊的。

有位教育界的教授曾說：「不用多，每位老師每年救一個學生就好。」

這句話看似容易，實際上並不簡單。

在我多年的教育生涯中，我還不敢自信的說：「我每年救了一個學生！」

但，我一直努力著。

9 輕輕點亮

每個學生雖然只是學校的百分之零點一，
但他們都是家裡的百分之一百。

凌晨一點，修剪影片，lag。
凌晨二點，找背景音樂。
凌晨三點，影片輸出，當機……

晚上八點多開始，我便一直坐在筆電前奮戰，目標是製作一支七、八分鐘的影片。可笑的是，我過去完全沒有剪輯影片的經驗，一邊摸索一邊做，弄清軟體介面上的功能後，剛開始還覺得不難，不久就開始卡機，接著狂當……

母親那幾天恰好北上和我同住，半夜起來多次問：「在忙什麼？怎麼還不睡覺？」

這個故事有點長。

故事的主角是成成。

成成的媽媽在旅行社工作，是個傑出的日本線導遊，許多企業員工旅遊常指名要她帶團。因為自己獨力撫育孩子，每回出國，孩子就託給好朋友照顧。

有天她又急又氣的來找我，說：「我覺得很愧疚，長期以來，孩子發生事情時，我都不在身旁，他沒有對象可說；等我回到家，事情過去了好幾天，孩子也不想再提了。」

媽媽說的「事情」，是不久前全班整隊去音樂教室的路上，成成被幾位同學拉去撞牆。媽媽從其他同學口中得知此事，一一盤問，才知道事情還不只一樁。

被勒脖子、被壓在地上騎、被取難聽的綽號，都讓媽媽心痛不已。

成成的媽媽說：「我更難過的是，這個孩子一點也不像我，不懂得向老師反映，不懂得抬頭挺胸阻止同學惡搞。」

成成身材瘦小，是個不折不扣的悶葫蘆；和他聊十句，他大多點個頭或答個「嗯」。他很渴望友誼，但不太懂如何交朋友，常常因為方式不對被同學拒絕。

我聽著眼前這位媽媽的陳述，聽到了她的自責與焦慮。

媽媽的工作不能完全放下，只能在排行程時儘量配合孩子的時間；孩子各種表現找不到亮點，不知道如何激勵他。

不過因為這件事，我和成成的媽媽結為好友，常常互相分享教養子女的點點滴滴。

那年寒假，我們不規定寒假作業，鼓勵全校學生自己設定寒假想完成的目標，擬定可行的計畫，並付諸行動。開學後，各班老師會請同學分享寒假的「自主學習」成果。

媽媽說，成成想挑戰進階的機器人製作，他平時就在上這樣的課程，寒假期間想進一步運用程式，自己動手從組裝到控制機器人。

目標明確，最重要的是這是孩子自己想學的，這已經符合自主學習的第一步。

由於開學後要在課堂上分享成果，我建議媽媽幫成成照相、錄影，開學後就有成果可向同學報告。

寒假即將結束。

成成媽媽傳給我一些照片和影片。他利用同一套零件，組裝了三個遙控機器人，有時在桌上組，有時在床上、在沙發、在地上，眼神非常專注；成品也非常有趣，有的還可搖控它發射彈珠。

我看著看著，突然產生一個念頭：

如果把這些素材剪輯成一支有脈絡的影片，開學典禮時播放給全校師生看，做為我們首次實施寒假作業自主學習的範例，不但可以建立大家對自主學習的信心，也能幫助成成有良好的自我認同。

對眾人、對個人都有幫助的事，何樂而不為！

於是我請成成媽媽充當主持人，在鏡頭前訪問孩子：

1　為什麼把製作機器人模型當做今年的寒假作業？

2　舉其中一組模型為例，完成這組模型，要花多少時間？

3　過程中遇到哪些困難？你是怎麼解決的？

4　製作機器人模型的過程中，你學到了什麼？

開學前一天，素材都有了。我準備要大顯身手，把剪輯影片的初體驗獻給成成。

但我太高估自己製作影片的能力了，弄了四、五個小時還沒搞定。到了影片輸出時更慘，我在螢幕前看那龜速般的匯出，常常等到打瞌睡，驚醒後又發現沒成功，來來回回不知花了多少時間。

母親聽我說這段長長的「緣起」後，也不再催我上床休息。不久，東方既白，影片也弄好了，雖然不專業，但也可以上檯面了。母親是我的第一個觀眾，她看得津津有味，直說：「這囝仔真正讚。」又對我說：「你嘛真正讚。」

開學典禮上播放的影片，果然「豔驚四座」，不是我的影片好，而是成成投入做一件事時的畫面太動人，再加上機器人對小學生本來就有吸引力，特別是成成說了這一段話：「臺南發生大地震，從新聞報導上看到那些搜救犬都受傷了，我在思考有沒有可能利用機器人救災……」

有行，又有思，真是再棒也不過了。

很快的，這支影片在成成身上起了化學作用。

班上同學看他的眼神開始不一樣，會圍著他問有關機器人的事；不認識的導護老師在路隊中看到成成，對他豎大拇指，說：「機器人小子！」連足球隊的教練也公開稱讚他：「聽說你很會組機器人模型哩！」

不善言辭的成成，內心是喜悅的。他的心智逐漸堅強，升上高年級以後，各項學習愈來愈純熟，也開始在意自己的表現。

幾年過去，每隔一段時間我會見到他，大方、自信、侃侃而談，完全不是當年那個羞怯的悶葫蘆了。

母親曾問我：「全校學生那麼多，這樣怎麼忙得完？」

我本來想回答：「每個學生雖然只是學校的百分之零點一，但他們都是家裡的百分之一百。」後來只是笑笑的說：「袂啦！」

10 三封信

幫助拒學症的孩子，要先有情感基礎，
而情感基礎需要長時間近距離相處。
另外，還必須不怕熱臉貼冷屁股，總之，臉皮要厚、心腸要軟。

敬愛的校長：

不知道如何表達我的謝意。從小靜發生事情到現在，足足過了兩個月，到現在提筆寫信給您，還是忍不住渾身發抖。

當初小靜無預警收拾了教室裡的私人物品，說再也不來學校，她眼神渙散，眼瞳沒有焦點，我和先生都慌了手腳，勸也不是，罵也不是，只能先帶她回家。校長知道嗎？當我們回到家，站在門口從口袋掏出鑰匙要開門時，我的手抖到鑰匙掉了兩次，我真的嚇壞了。

從來沒想過這種事會發生在我們身上，我不敢說小靜品學兼優，但教過她的師長都知道這個孩子懂事乖巧、自律負責，我和先生平時教養子女也算民主開明，一家和樂，小靜和小兩歲的弟弟感情也很好。

突如其來的變化，真讓我們不知如何是好，整個家庭彷彿經歷一場大地震，每個人都被震得傷痕累累。

小靜的言行舉止都和以前判若兩人，對上學有嚴重焦慮，出門愈來愈困難，劉老師很關心小靜，同學也打電話來邀她回學校，但小靜好像失了魂似的，只是搖頭，到底在想什麼也不說。

我們每天都在心驚膽戰中醒來，每天在「上學與不上學」間掙扎，在拉扯中度日。有時小靜連衣服也不換，縮坐在床上動都不動；有時三催四請背著書包出門了，看到校門又拔腿跑回家；好不容易進了學校，又不肯進班，在校園徘徊。

我們真的身心俱疲，想為孩子辦休學。

敬愛的校長，您對我說：「不要休學！愈久不到校，愈不敢回學校。如果不能進班，進學校也好。」接著和我討論對策，那些對策都是在「不休學」的前提下思索的。我有如快滅頂的人抓住了浮木，您讀出我們的無助與無力，您沒有順勢把這個難題推出學校，您沒說「辛苦了，支持你」這類空無的關心，而是伸出手切切實實拉我們一把。

這段時間，我們看過醫生，求助過心理師，連民俗療法都試過，但進展十分有限。心理師認為這可能是情緒障礙引發的拒學，但原因不明，需要更多時間耐心陪伴、觀察與等待。

校長，坦白說，有時我覺得耐心也快耗費殆盡，尤其到處諮詢的過程，每次都像赤裸裸的被解剖一次，鮮血淋漓。我怕孩子還沒救起，我們就倒下了。

幸好遇到了您，您是我們的貴人。

我知道小靜一到學校，您就拎在身邊，也找了幾位師長和志工一起協助，為她安排不同的機會；但她的狀況不穩定，時好時壞，快兩個月了還一直不肯進班，我也對劉老師十分歉疚，她的壓力恐怕也不小。

前天小靜又退回不肯上學的樣子，我一方面聽從心理師建議，忍住焦慮出門上班，一方面打電話給您。

您二話不說就到家裡陪她、帶她出門吃早餐，再拐進學校……

誠摯的謝謝校長。以前和您並不熟，都是從其他家長口中聽說您有多好、多認真，如今證明此話一點也不假。

只是很遺憾，卻是因為這樣的事才和校長亦師亦友。

心理師說，拒學症最成功的例子是一年回歸，一般會長達三、四年以上。我聽了心都涼了半截。

但，身為父母沒有悲觀的權利，雖然現在還看不到未來，但有校長和我們共度難關，我們的腳步也不那麼軟弱了。

夜深了。嘮嘮叨叨寫了一大堆，言不及義，衷心祝福校長，健康快樂。

May 敬筆

十一月三日

Dear 玫伶校長：

昨天畢業典禮，看您站著忙了一整晚，辛苦您了。

這場畢業典禮，我內心百感交集，特別有意義，相信對您也是。

小靜剛到我的班上就拒學，坦白說，我心裡又擔心又受傷。擔心的是，試過那麼多方法，還是不知道怎麼幫助她；受傷的是，我不斷檢討自己，是不是哪裡沒做好，才導致小靜拒學。

您安慰我說：「大家都摸石子過河，誰也沒有把握，輔導的方法也超過我們的經驗與專業，只能參考醫療系統、諮商系統的建議，盡力去做，不要一直檢討自己，要鼓勵自己。」

您這麼一說，等於讓我卸下了心上的石頭（本來很擔心是不是我害的），也讓我有勇氣繼續帶這個班。

從孩子發生拒學到她可以走進教室，整整八個月。這八個月來，有數不盡的困難，一樁又一樁，而我看到了校長處理事情的慈悲、智慧與風範。

小靜進校不進班就是個大問題，到了學校要去哪裡？輔導室、圖書館、志工團或是做為導師的我，都沒辦法長時間陪她；而且小靜又認人，遇到不熟的老師或多關切幾句，她就轉頭離開。於是，小靜幾乎都跟著您進進出出，您幫她上課，給她活動任務。

後來新的問題來了。

班上有幾個學生說：「小靜為什麼可以不進教室？」「為什麼她可以在校長室晃來晃去？」還有家長向我反映，怕孩子有樣學樣，甚至也有老師私下說，小靜那麼自由，誰還會想回到從前？

您馬上就召開個案會議，還安排了班級輔導，讓其他學生瞭解小靜為什麼會有特殊待遇。

您還用了一個說法：「小靜的心『感冒』了，需要時間恢復健康。」（筆記）在那之後，我們班也有了變化，一些女生下課時還會去校長室找小靜出來玩；家長和老師也不再質疑。

我最感動的是，有次輔導室一直勸小靜進班上課，小靜難以招架，突然嚷著說：「我回去辦休學，不麻煩大家了。」接著就激動的衝撞校門要回家。

媽媽哭著到校，希望不要太逼孩子，先讓她肯來學校就好，醫生和心理師也是這樣建議。

這件事我當天中午才知道，您對我說：「我們一起撐住，因為這不只是救一個孩子，還救一個家庭。」

半年之後，小靜漸漸願意進到某些課堂，剛開始您陪著她來，後來都是她自己來。我知道每一次準備進班前，您都幫她「暖身」很久。雖然還不穩定，但總算出現曙光。

某次您得知小靜收藏了很多外國錢幣，找我策劃利用教室窗臺讓小靜辦個小展覽，這方法真好，不動聲色的幫助她更快融入班級。

我曾經請教您：「為什麼小靜願意跟著您？」

您說，要先有情感基礎，而情感基礎需要長時間近距離相處（聽說您有時候假日還會去小靜家裡找她閒聊）。另外，還必須不怕熱臉貼冷屁股，總之，臉皮要厚、心腸要軟（筆記）。

本來我以為這是我教學生涯最大的挫敗，沒想到孩子隔了那麼久終於能順利回歸班級，反而成了我最驕傲的事蹟。如今孩子畢業了，寫信給您的同時，其實也是為我自己留下一個紀錄，我要替小靜好好謝謝校長。也希望校長照顧大家的同時，別忘了照顧自己。

劉老師敬上

六月二十三日

玫伶校長：

聖誕快樂。

您下週有空嗎？想約您吃飯，我男朋友請客。

嘻嘻，沒錯，我有男朋友了，是我們系上大兩屆的學長，帶來給您看看喔！

靜

十二月二十日

11 差別待遇

對待特殊孩子的心態及情感必須「一視同仁」，
但對其行為表現的要求反而應採取「差別待遇」，
才符合「因材施教」的真諦！

「我們受不了了！」七位家長帶著連署書到校長室，發起人小琪媽媽說：「校長，我們已經忍很久，阿進動不動就吐同學口水，老師說他是特殊學生要包容，我們也包容了；他上課常發出怪聲，影響上課，我們也算了。可是他竟然在教室做猥褻的動作……」

「是自慰。」謝老師是導師，她補充說：「上課時，坐在他的座位上自慰。」

「這就是猥褻動作。」小琪媽媽說：「很多同學看到都尖叫，他還邊做邊笑。」

家長口中的阿進是位輕度智能障礙的孩子，剛升上五年級時，可能因為周遭環境變化，有段時間適應困難，當他覺得同學的言語刺激到他時，就會吐人口水，有時也會殃及旁人。當時便有幾位家長向老師反映，導師不厭其煩的一方面跟家長解釋，另一方面也花很多時間化解同學間的摩擦，漸漸的，吐口水的頻率降低了。

但前一段時間，阿進上課會不斷揉紙團，喉嚨發出怪聲，被制止後不久還是會重複發生，甚至尖叫；坐在他旁邊的蓁蓁剛開始試著安撫他，後來也不管了。其他家長紛紛向老師抱怨：「再過一年就要升國中了，這樣下去孩子根本沒辦法專心上課。」

導師和資源班老師討論後，嘗試了幾種方法，好不容易有一些進步，沒想到卻迸出這次自慰事件。

「校長，現在班上每個學生都在講這件事，他們開始進入青春期了，家長真的很擔心。我們的訴求是，請阿進轉班或轉學，不然，我們轉！」小琪媽媽說。

其他家長跟著一一抱怨阿進的種種干擾，尤其這次在班上公然掏出生殖器的事，更是讓家長無法接受。隨著你一言我一語，家長的擔心和焦慮愈來愈高亢！

此刻，我完全能瞭解家長的心情，但「要求轉出」已經踩到教育理念的紅線，完全不可能，我必須先把紅線清楚、明確的畫出來。

「我們應該來討論怎麼處理問題，而不是叫他轉走，這點我做不到。」我說。

家長們先愣了一下，有位爸爸說：「校長不用當壞人，只需要幫我們把連署書交給阿進的家長，訴求寫得很清楚。」

「不是當不當壞人的問題，這樣做是違規違法的。」我說。

接著，我簡單說明融合教育的理念和零拒絕的規定後，轉而訴諸情感面。「其實最辛苦的是阿進的家長，在座家長的孩子與他同窗二年，可是當爸媽的要陪伴一輩子。」我說。

家長臉部的線條不再那麼銳利，我接著說：「假如地球上出生那麼多孩子當中，一定要有某個比例是特殊孩子，我們也得感謝這些特殊孩子，為大家承擔了這個比例。」

家長臉部的線條看起來又鬆柔了點。

「我們這麼多人幫助他一人，一定有辦法。其實昨天謝老師就在現場，處理得很好，事後也有告訴我整個過程。大家今天來了，正好可以更具體的瞭解，回家怎麼與孩子討論這件事。」我說。

接著，謝老師向家長說明，阿進和大多數的同學一樣，已經步入青春期，這次自慰事件，表示他也開始對性有好奇和衝動。

當時老師聽到同學尖叫，就馬上趨前處理。「我沒有責罵阿進，而是先拿件外套幫他蓋住，再拿觸控板給他畫畫，轉移他的注意力。其他同學有的大驚失色，有的在一旁訕笑，我讓大家閉目一分鐘後，再向同學解釋，並告訴同學以後如果發現阿進有此現象，不要驚慌，趕快向老師報告，老師會處理。」謝老師說。

昨天放學後，謝老師把阿進留下來，也約了阿進的媽媽到校，告訴母子倆，長大了，想觸摸自己的身體很正常，沒關係，但只能在房間或廁所做，不可以在公開場合——這要一再引導，媽媽頻頻點頭表示一定配合。

很慶幸的，本來怒氣沖沖的家長，雖然還不能完全放心，但終於願意換個角度想，離開時已不再堅持要阿進轉走了。

類似這樣的事件，我在校長生涯中遇過不少。

上述例子的謝老師很有特教理念，新班接到阿進後，資源班老師合作也很密切，即使兩岸猿聲啼不住，輕舟也過了萬重山。

但不是每個案例都那麼幸運。

如果導師缺乏特教知能、如果和特教老師合作不佳、如果班級同時不只一位有狀況、如果家長不信任、如果行政不支持……，只要其中一個環節沒弄好，就會出事。

我曾遇過老師對於配合聽障學生配戴ＦＭ發射器倍感壓力，也有老師堅持亞斯伯格症孩子的難搞是故意鬧事，有位老師只要孩子一出狀況就送往資源班或各處室處置……，這些因不理解帶來的焦慮，都必須靠行政單位出面協調整合，才能事半功倍。

每學年末的特殊生安置會議中，常常感受到導師的忐忑不安，擔心接到有嚴重攻擊行為的孩子。其實在會議前，我們都會做沙盤演練，包括調整「互斥型」的孩子們、評估對孩子有利的教師特質，甚至也要一併考量周遭環境，例如，靠近資源班或行政處室，便於緊急處理；靠近廁所，便於肢體障礙學生如廁……。有時也會有俠客型的老師自願接下困難的個案，這時真要謝天謝地。

不過，比起特殊孩子，老師更擔心遇到觀念偏差的家長。

特殊孩子的家長承受的壓力比一般家庭大很多，有的積極面對，及早接受特殊教育的服務，和學校密切配合，在我見過的案例中，只要願意和老師同心一致，進步都很快速。相反的，有些家長遇到事情時，忙著捍衛自己的孩子，指責孩子的行為都是因為別人的挑釁而起，造成孩子老是學不會如何人際互動，一再挫敗。

隨著醫療進步，身心障礙類型愈分愈細，有些並不常見，對普通班老師更是一大考驗。曾老師接到小葛後有點緊張，我請輔導室主動查閱相關的特教研習，讓老師公假參加。小葛是個資優兼心智障礙雙重處遇的學生，經鑑定為妥瑞症，又伴隨了穢語現象，常講一長串的髒話，同學雖然知道原因，但又喜歡故意逗他、讓他說髒話而哄堂大笑。曾老師為此在班上播放一些妥瑞症名人訪談影片，要大家正常對待小葛的不同。

但小葛仍經常出口成髒。

食物對小葛是有效的獎勵品，曾老師和小葛約定：「今天如果沒說髒話，中午老師就請你吃餅乾。」果然半天下來，小葛遵守規定，老師叫到跟前說：「你沒有說髒話，很棒，老師請你吃餅乾。」

「可是，我下課時有說兩次。」小葛看著餅乾說。

「喔，」老師把餅乾收回，說：「那麼老師先替你保管餅乾，如果你下午都沒說髒話，老師再給你。」

「幹@#$%&*……」

一長串髒話瞬時從小葛口中冒出來，老師靜靜聽完，用平淡的語氣說：「你已經把這個月的髒話都講完了喔！」

實在好佩服曾老師！明確、溫柔又堅定，不慍不火，對特殊孩子支持而不憐憫，幫助而不同情。

有些人認為對待特殊生也要一視同仁，行為表現要求一致，以免其他學生有樣學樣。但這僅僅對了一半，對待特殊孩子的心態及情感必須「一視同仁」，但對其行為表現的要求反而應採取「差別待遇」，才符合「因材施教」的真諦！

第三章 閱讀的滲透

12 讓孩子「發聲」

一件事認真做那麼久、那麼好，就是專業。

清晨，學生開始上學，校園就甦醒了。

導護老師打開廣播系統的麥克風，從七點二十分開始，每隔一陣子就會透過校園各處的喇叭叮嚀學生：

「進教室後打開窗戶，保持空氣流通。」

「現在是打掃時間，請到負責打掃的區域做好整潔工作。」

「打掃時間已經結束，請收拾掃具回教室。」

「請各班在走廊排隊，準備進操場⋯⋯」

廣播是個有意思的東西，靠著聲音傳輸訊息，除非你戴上耳機或摀住耳朵，否則沒辦法拒絕收聽。當然，專注聽和不注意聽的效果差很多。

在學校，廣播也象徵了「發聲權」。

中小學校園裡，「廣播發聲權」幾乎只有師長可以擁有，即使有些學校會錄製孩子的聲音做為例行的「罐頭廣播」，但播出權仍操之在老師手上。

一直到了我讀師專，才發現廣播原來可以如此讓人充滿期待。原因在於，廣播室整個由學生主導控制。

當時網路、通訊、社群軟體不成氣候，廣播室儼然成了大專院校的訊息傳播樞紐。只有嗓音悅耳的學長姊，才能入主廣播室，每節下課在空中為大家播送活動訊息或尋人啟事；即使廣播的內容與自己無關，大家還是很有興趣聽聽。

那麼小學呢？我們有可能釋出一部分「發聲權」給小學生嗎？

我和大橋國小的佳玲、瑞雯老師討論這個想法，想在早晨打掃時間開闢約十五分鐘的廣播節目，由學生負責製作播出。我們同時為「廣播大計畫」訂出兩個重要原則：第一，不搞菁英制；第二，學生教學生。

意思是，不是光選拔口條好的學生負責，而是所有讓高年級學生都參與；並且為了長期運作，要有一套同儕教導的機制，由已經學會的學生教導下一期的學生。

週一到週五的節目分成兩種。帶狀節目每天播出，例如，「重點新聞」、「大橋愛說笑」等，學生挑選報紙上的素材在空中朗讀；塊狀節目每週只有一、兩次，例如，「好書推薦」、「大橋大人物」等。

五、六年級各有三班，每班輪流製作六週的節目。班級內部要分工，誰負責某天的某個節目，擔任幕前或幕後，確保每個人都有事做。學生要事先到圖書館查閱書籍、上網查資料、剪輯《國語日報》蒐集新聞，還要充分理解內容才能播報。

指導老師教會第一個班級，運作到最後一週時，負責下一輪的班級就要跟著「前輩」實習一週，以便不久後正式接棒。

電臺要有臺呼！老師設計了一個融合搖滾風與本土味的臺呼，用閩南語說唱：「大橋廣播——電臺、大橋廣播——電臺，今仔日欲把你吵起來！」不過我私下問小朋友聽到了什麼，他們倒是把前兩句聽成了「婆婆跳跳——起來、婆婆跳跳——起來」。

廣播電臺開臺了。

所謂電臺其實就是本來的播音室，學生事先錄好節目，當天早上把卡帶拿來播放。短短十五分鐘，播音室內七手八腳，要有串場的主持人，還要不斷換卡帶，有如十九世紀的設備，既陽春又克難。儘管如此，學生卻創下一個難得的紀錄。

開臺不到一個月，學生興致勃勃想在「大橋大人物」節目中訪問當時的臺北市市長馬英九先生，請教市長為什麼英語說得那麼好，並且要全程用英語訪問。

學生自製了一張邀請卡，我幫忙寄到市政府以後，根本不抱任何期待。一週後接獲市長祕書來電，市長竟願意接受孩子們的邀請。

這下換我們緊張了，我們的「偽電臺」設備簡陋、空間狹小；對市長下戰帖的小組學生都是土生土長「大橋牌」的孩子，從未出國過。

「煩請代為報告市長，每位學生會提問兩個題目，但不論市長回答什麼，我們的孩子恐怕只能回應：『Thank you.』」我硬著頭皮向祕書回報。

市長傍晚來到學校，除了市長和四名小朋友能擠進電臺，包括記者和其他師長只能在窗外踮著腳觀望裡頭的動靜。

一人兩題，四人八題，問答很快就結束了，看看時鐘才過五分鐘。

「你們的英語都『用完』了嗎？」市長笑著問。

學生們靦腆的點點頭。

「那麼，我說個英語笑話給你們聽，好嗎？」市長貼心的問。

「Thank you.」孩子們響亮的回答。

身處窗外的師長再度著急，萬一學生聽不懂市長的英語笑話，不知道什麼時候應該笑，那可怎麼辦？

我們多慮了。

市長說完笑話後，他自己就先笑了，小孩也跟著呵呵呵，窗外的大人哈哈哈，現場一片樂融融。

幾年後，有個「真電臺」舉辦兒童廣播營，想帶營隊成員到大橋國小的「偽電臺」取經。

「我們是業餘的，這豈不是在關公面前耍大刀？」指導老師不敢置信。

「不不，這是校園寶貴的經驗，一件事認真做那麼久、那麼好，就是專業。」電臺主

ON AIR

持人懇切的邀請。

這個克難電臺撐了四年，大約六百人次參與，製作播出五百多回的節目；除了馬英九市長，還訪問過《國語日報》蔣竹君社長、文建會陳其南主委，如今，也算功成身退了。

13 你讀書，我請客

孩子們生於斯、長於斯，
希望他們心裡有在地認同，能看見黯淡裡的榮光。
美食是手段，閱讀是目的，社區認同才是底蘊。

我在敦化國小擔任主任時，有個美好的閱讀推動經驗。

為了給學生一個充實的暑假，我提出「結合在地企業獎勵閱讀」的構想：只要學生暑假期間閱讀十本好書，並完成心得報告，就可以獲得一張麥當勞餐券，到學校附近百貨公司的加盟店享用。這個構想在家長會的協助下，成功遊說這家麥當勞慷慨贊助。

「讀書送餐券」的活動有如在平靜的湖裡投入一顆石子，產生了一圈又一圈的漣漪。

附近書店的老闆打電話來，詢問可否提供學校的閱讀書單，說：「很多家長帶小孩來買學校規定的書，有書單的話，我們可以先進貨補書。」

家長打電話到學校幫小孩問：「讀二十本的話，可以送兩張餐券嗎？」有老師告訴我，書單上推薦的書都很棒，「我也挑一些來讀，開學後和學生交換心得。」暑假結束後統計，全校總共發出了二千張餐券，換言之，有二千人次的學生在暑假讀了十本好書。

這家麥當勞對閱讀教育的熱心也獲得出乎意料的回報。幾乎每位獲獎去用餐的孩子，都有家長甚至爺爺、奶奶一起陪同享用這份光榮。

家長，當然是自費。

後來我到大橋國小擔任校長，學校附近也有一家麥當勞，但無論我怎麼遊說，都無法打動店家。不過當我走出麥當勞，看見延平北路三段就是一條長長的夜市，從臺北大橋下一直綿延到民族西路。

家長會東海會長告訴我，這條夜市雖然沒有士林、寧夏夜市那麼有名氣，但也有四、五十年以上的歷史了，很多著名小吃在他小時候就是名聞遐邇的招牌美食。

我很心動，也有了靈感。

沒有麥當勞，我們可以找夜市合作。

但這想法太天馬行空。先前與麥當勞合作時，我們只要遊說一家店；如果要遊說延三夜市，這麼多家店豈不談到地老天荒，更何況，店家傍晚開始營業鐵定忙得不可開交，哪有閒情聽我們說什麼鼓勵孩子閱讀。

於是我把這個想法吞回去，暫且孵著。

不久後，我得到一個關鍵消息。原來，夜市表面看起來是一家家的攤商，但其實是個由自治會管理的組織。也就是說，延三夜市有「市長」！

有窗口，那就容易多了。

某天，我在東海會長的陪同下，專程拜訪延三夜市自治會朱會長，全程以蹩腳的臺語向會長說明活動意義，希望能得到支持。

不知是否體諒我臺語說得坑坑疤疤，或是生意人一向豪爽阿莎力，朱會長打斷我的話：「校長，要多少，你說！」

就這樣，朱會長登高一呼，一百多位夜市老闆都熱烈響應。我為這個活動取名為「你讀書，我請客」，口號是「孩子長大，一半靠食物，一半靠閱讀」。

六月，說明活動計畫。

七、八月，暑假閱讀好書。

九月，驗收成果。

接著，從教師節吃到國慶日。

鼓勵孩子閱讀，不難。

讓孩子像個「讀書人」到夜市「被請客」，難。

試想，一個通過閱讀驗證的小學生，領到延三夜市的獎勵餐券，他該如何兌換、享用這一份餐點呢？

我們不希望學生以為這些是理所當然的，更不希望學生點餐、用餐時沒分寸嬉鬧著。我們要求學生必須有禮貌的先向老闆表明，自己是大橋國小的學生，因為閱讀得了獎來點餐；領了餐或現場用餐後，還要向老闆致謝。這樣，才真正是個「讀書人」。

活動很成功。

十幾家媒體大幅報導這個「又讀又吃」的活動，一位廣播節目主持人訪問我：「是什麼理由，讓校長想把夜市拉進來？純粹有趣好玩，還是有其他原因？」

我想了想，一開始是從創意的角度規劃活動，漸漸的，產生一種心疼的感覺。當臺北市發展重心移到東區後，傳統社區就式微了。孩子們生於斯、長於斯，但他們的心裡是否有在地認同，是否能看見黯淡裡的榮光，這是我在舉辦活動過程中愈來愈明朗的核心想法。

美食是手段，閱讀是目的，社區認同才是底蘊。

臺北市大同區學校密集，光是延三夜市附近，除了大橋，還有太平、永樂、延平與大同等國小。徵得延三自治會的同意，第二年，我們五個學校聯盟合辦。「開吃」的前一天傍晚，五位校長各帶一位學生代表，到夜市沿街向老闆一一答謝，並在贊助攤商前貼上「文化商店」的標誌。面對小朋友天真可愛的致謝，老闆們欣慰的鼓勵：「要好好讀冊喔！」

我離開大橋國小之後，接任的蔡校長擴大舉辦，把大同區十所小學邀齊了，聯合延三、大龍、寧夏三條夜市，以及在地的朝代戲院，更普及、更全面的推動閱讀。

回想當年在湖裡投下的那一顆石子，一圈圈的漣漪似乎仍未歇止。

14 你讀好書，我做公益

先拿掉外在的獎勵，讓孩子們不是為了追求獎勵而閱讀。
再拿掉分數，讀多讀少、讀好讀壞，老師既不會加分，也不會扣分。

推動閱讀的方法千百種，不是每次都得靠獎品。
甚至，如果拿掉外在獎勵，學生還會不會願意閱讀？我好奇。

二〇〇六年我轉任明德國小，想嘗試以「主題」的方式推動閱讀。這裡所謂的主題，是指精心設計的方向，例如，以「童詩」為主題時，我們可以規劃各年級不同的童詩閱讀素材、布置有詩味的校園情境、邀請童詩詩人到校和孩子座談、指導孩子練習寫童詩……。經過一學期的浸潤，學生在童詩這個主題上有較深入的學習。

如果用算術表示：小學學制六年，共十二學期，一個學期一個主題，到學生畢業時，他便有十二個主題的閱讀收穫，而且不是淺嚐即止。

主題沒有限制，時事節令、重要議題、人物文類，樣樣皆有設計的空間。經過討論，明德國小的老師們第一個選出的主題是「品德」。但，我卻猶豫了。

如果主題是歷史小說，我有把握在精心策劃下，孩子們對歷史小說會有更進一步的認識。如果主題是居禮夫人，我也敢打包票；或是臺灣黑熊，或是端午節……，都行。

但是，當閱讀主題是「品德」時，我卻沒有把握孩子們讀完「品德好書」、參加「品德講座」之後，就能變成「有品德的學生」。

該怎麼辦？

道德發展理論有三階段之說：無律、他律、自律。小學生大致處於他律階段。假如有辦法透過閱讀將學生發展層次提升到自律，那麼我才能說服自己——我們透過閱讀讓孩子學會品德了。

首先，得拿掉外在的獎勵，讓孩子們不是為了追求獎勵而閱讀。

再來，拿掉分數。讀多讀少、讀好讀壞，老師既不會加分，也不會扣分。

我們的計畫是，全校大約一千個學生，如果能在四月份合力讀完五千本學校指定的品德好書，並寫下心得，那麼，大人們將到學區的店家拜訪募款，所得捐給兒童福利聯盟文教基金會發起的防止兒虐基金。

當然，我們向全校師生清楚說明捐給這個基金的用意，是為了增加保護因子，讓生活在有風險環境下的孩子，能夠安全長大，有機會和我們一樣，幸福的閱讀好書。

學生不會從閱讀上獲得任何獎勵，也不用擔心沒讀書會遭到懲罰。這次閱讀只有一個目的：利人。

課外書經過仔細挑選，共選了十二個核心德目，每個德目分別有適合低中高年級閱讀的推薦書單。

活動從四月一日開跑，月桂老師在穿堂入口懸掛了四張斗大的數字卡，上面寫著「○○○○」，代表目前全校的閱讀量。接下來每天早晨八點半以前，會有志工在穿堂下收取學生的心得報告，再更新數字卡上的數量。旁邊的公告欄則張貼近期臺灣各地發生的兒虐新聞，幾乎每隔幾天就有案例，讓人怵目驚心。

我們看著數字一天天增加。統計的志工告訴我，有些小朋友非常認真，個人累積寫了

一、二十篇心得報告。我們只是微笑頷首，沒打算公布姓名當眾表揚。

大約進行到四月中旬後，數字增加速度愈來愈快。二十四日，志工滯心拿著剛收到的一疊心得，對我說：「校長，這裡有二百多份，如果把數字加上去，就超過五千了。」

苦惱啊！太早達成目標，孩子可能就停止不讀了。

當下我做了一個「沒品德」的決定：把數字壓低，一次增加一些就好。這和選舉開票時媒體的「灌票」現象恰恰相反。不過也有學生到圖書館質疑數字：「我們班今天總共交了九十幾份，為什麼上面的數字只比昨天多五十？」幸好志工機靈，含糊交代了一下才沒被識破大人的「伎倆」。

四月三十日，最終數量統計出來了，五千六百四十八本！

在操場宣布這個結果時，全校學生高興得跳起來歡呼，雖然他們一毛錢都拿不到。

於此同時，大人與孩子的約定也細膩的展開。募款志工帶著學校說帖，到學區內的一樓店家發送邀請，一店捐二千元，但不可強迫「不樂之捐」。有些店家擔心會不會是詐騙手法，乾脆帶著現金直接到學校捐款。

總結算的成果，共有九十一家捐款，募得十八萬四千元整，大大超過預期。

捐贈儀式邀請臺北市政府教育局長吳清基先生蒞校，代表學校將支票捐給兒盟執行長王育敏女士。我們把近六千份的學習單裝在大紙箱裡，局長、學生和我合力用扁擔抬起學生的愛心，沉甸甸的重量讓我們都冒出汗了呢！

這個有意義的閱讀活動登上媒體頭版頭條，記者們忙著採訪學生的感想。許多孩子發現「閱讀有價」，也有孩子認為「閱讀無價」，理由都相同：因為可以幫助別人。

這符應了活動的初衷——利人。

沒有獎懲也能驅動良好行為，更拉高了孩子的道德層次——由他律到自律。

五千六百四十八，很多年後我仍牢記著這個數字，那是明德孩子們驕傲的印記。

15 書香榮譽假

閱讀是獎勵，是榮譽；不是功課，也無關分數。
閱讀值得和所有美好的事物連結。

「榮譽假」這三個字，似乎源自軍隊，用來獎勵立有戰功、表現優異或有優良事蹟的軍人。在小學，大致只有公假、事假、病假、喪假，以及近年增加的法定傳染病不可抗力假……，就是沒有榮譽假。

二〇〇一年年底，大橋國小各班依慣例選出模範生，全校十八班共產生了十八位。這是我初任校長後的第一批模範生。

當選模範生並不容易，早年常由老師指定品學兼優的學生「直接當選」，如今老師的角色在於引導學生思考模範生的標準，不一定要樣樣完美，但一定要有值得學習的元素，至於誰能出線，則交由同學選拔。

接下來，學校會找一天公開表揚，頒發獎狀，與校長合照。

就只有這樣嗎？

大橋國小位於臺北市重慶北路，沿著大馬路往南行，就會連接到著名的書店街——重慶南路。雖不如全盛時期的一步一書店，但仍然是指標性的閱讀商圈。

如果，我是說如果，能給模範生放半天榮譽假，利用上課時間帶他們去書店「逛書買書」，那該會是多美好的獎勵呀！

「榮譽假」加「模範生」加「書店街」，三個迥異的概念勾串在一起，形成了新的閱讀方案。在我擔任校長期間，總共帶著模範生們逛了三十回書店。

第一次總是格外難忘。

逛書店買書需要錢，我本來要自掏腰包，招待模範生每位二百元購書。會計主任葭如得知後主動告訴我，學生獎勵活動經費可以從預算科目支出。

學生出門需要交通工具，家長會東海會長一輛九人座休旅車解決了大半問題，再加上熱心家長的幫忙，完成了活動來回的接駁。

逛書店聚焦「買書」，五彩繽紛的文具商品一定會讓孩子們分心，因此我選擇只賣書、有信譽的出版社。

帶模範生出門真是輕鬆，書店對這群小學生更是諸多禮遇。我和隨隊師長只需坐在一旁享受難得的下午茶時光，在輕柔的背景音樂聲中，靜待約定的時間到，把帳款結一結即可。

後來我到不同學校任職，這個「模範生榮譽假」方案仍持續著。因為地理位置不同，我們搭過捷運、甚至包遊覽車前往。

這些年來，我們去過許多不同的出版社，不再限定「書店街」。出版社除了提供這群孩子優惠的折扣，有的還會贈送雜誌、布置專區、安排導讀、參觀編輯部門……，簡直是禮上加禮。

我也開放「模範生之父」、「模範生之母」隨行，每次約有三成家長會參加，分享孩子得獎的喜悅。對孩子而言，家長就像一臺移動式的提款機，買書更不手軟。

我們還遇過十分幸運的事。

有次恰好詩人林煥彰先生也在出版社，他親切的和學生打招呼，學生知道眼前竟是「書本上的人」，立刻圍上去要簽名；有次在現場巧遇遠見．天下文化事業群創辦人高希均教授，教授開心的與師生合影，隨即捐贈一筆書款給學校充實館藏。

有時我會觀察孩子的「選書行為」。

「數字型」的孩子每拿起一本書，會先查看定價，算算優惠折扣後的價格會是多少，盤算是否還能再買一本便宜的湊足二百元。

「精準型」的孩子前一天已經列出想買的書單，到現場直接依清單找書。

「好奇型」的孩子頻頻關心別人選了什麼書，為什麼選這本、不選那本。

低年級孩子特別鍾情動物、恐龍、交通工具這一類的書；高年級學生有的很早就「轉大人」，跑到「非童書區」挑書去了。

不論哪一類型的孩子，當他們翻開書後，不久就會如入無人之境，站著、倚著、坐著、蹲著，貪婪的看書，專注的表情實在動人。

模範生放榮譽假逛書店的「高調出航」，讓在校上課的學生羨慕極了；他們可以好好努力，說不定下一次就有機會當選模範生。

在這個方案中，閱讀是獎勵，是榮譽；不是功課，也無關分數。閱讀值得和所有美好的事物連結。

有一次，某家出版社的粉絲專頁報導這個活動，讚許學校的措施和學生的表現。有位網友在底下留言表示：「模範生都出身高社經地位的家庭，此舉不過錦上添花，學校應該帶弱勢孩子去才對。」

網友關心弱勢學生令人感佩，不過這則留言至少有三個命題錯誤：

1 模範生與家庭社經地位不能直接畫上等號，真正有關聯的應是家庭教育。

2 教育既要拔尖也要扶弱，從報導中看到學校拔尖的作為，不能逕自推論沒有扶弱。

3 弱勢這端的小孩較為敏感，扶助的作為必須非常細膩。為弱勢學生所做的事，需要更豐盛，更注意個殊性——只是我從不拿來消費。

16 聖誕老公公的邀請

儘管聖誕老公公的形象隨著時間和地域，慢慢轉變；但不變的核心有兩個：愛小孩、助弱勢。

聽說，相信聖誕老公公真實存在的人是幸福的，因為他保持了一顆純真的童心。但不論是否相信，凡是以聖誕老公公為名的活動，也代表了將有好事發生。

在校園，慶祝聖誕節幾乎已經成為每所學校共同的主題：掛著許願卡和各種吊飾的聖誕樹造景，燈泡閃閃爍爍圍繞著，禮物大大小小錯落有致，構成幸福的主視覺；馴鹿和聖誕老公公乘著歡樂的聖誕音樂，在校園穿梭報佳音發糖果……。歲末年終，溫馨歡樂，亞熱帶的臺灣校園，也飄散著片片幸福雪花。

聖誕節本來是宗教節日，因為聖誕老公公的傳說，加上商業化的刺激消費，不知不覺的，這一天對孩子來說，已經有如「禮物節」。

暫且略過聖誕節的宗教意義，單就聖誕老公公的「崛起」過程，也不應忽視這位老人家的初衷。

相傳最早的聖誕老公公是尼古拉斯（Nicholas），他樂善好施，經常幫助窮困的人們。為了賑濟一家三姊妹，某天晚上他偷偷將一袋金幣丟進這戶人家，沒想到不偏不倚竟掉進掛在火爐邊烘乾的長襪子裡。聖誕老人原型的故事，有如來自天上的祝福，從地區吹到國家，從大洲到席捲全球。

儘管聖誕老公公的形象隨著時間和地域，慢慢轉變成穿紅衣、戴紅帽，白頭髮、白鬍子的老人，駕著八隻馴鹿拉的雪橇，在屋頂上飛馳，到世界各地為孩子送禮物；但不變的核心有兩個：愛小孩、助弱勢。

歡度聖誕節時，最起碼要守住這兩個核心。

換言之，聖誕節不只是「受」的節日，更是「施」的節日——特別是在資源豐沛的都會區學校。

二〇一四年底，士東國小的聖誕節很不一樣。我們得知有兩所位處偏鄉的學校資源短缺，學生的文具學用品有一搭沒一搭，經過聯繫後，我們決定以聖誕老公公為名，邀請全校師生慨捐「禮物鞋盒」。

施，是需要學習的。

首先，要能明確知道對方需求，否則只是徒增對方困擾；其次要建立正確心態，不能有施捨的心理，以為自己高人一等。

我們告訴學生：

1　不必專程花錢買禮物，但禮物必須是新的，沒用過的。

2　裝禮物的鞋盒裡放上一張卡片，寫上你的友情與祝福。

活動開始後，學校入口穿堂的聖誕樹周圍，每天都有新增的禮物鞋盒，一圈一圈的圍繞聖誕樹。為了確保偏鄉孩子收到的禮物沒有任何不妥，我們也請志工一盒一盒檢視把關，避免造成困擾。

鞋盒裡，孩子們童言童語的寫下：

「這枝筆我捨不得用，送給你，希望你用這枝筆寫作業，考試一百分。」

「這個禮物鞋盒是我和姊姊一起裝滿的，鞋盒只有一個，但祝福是雙倍的喔！」

活動截止後，家長會偉群會長請來兩輛貨車，媲美聖誕老公公的馴鹿，把滿滿的禮物鞋盒送往偏鄉；同時訂購當地的白米，捐贈學校。

同樣以聖誕老公公為名的，還有我們對校內弱勢學生的邀請。

從二〇一二年起，每年的聖誕節我都會對一些孩子發出這樣的卡片：

親愛的〇〇：

我是聖誕老公公，不要嚇一跳，是真的。

你是個幸運的孩子，請帶著這張邀請卡，

十二月二十五日上午十點十分到校史室，

我會在那兒等你喔！

聖誕老公公上

這些孩子名單都是請導師推薦的，通常來自經濟弱勢、高風險家庭。他們的生活比一般孩子艱辛，有些缺乏家庭妥適的照顧，常常伴隨自信心不足、學習成就低下，以及情緒管理、同儕衝突等問題。

他們有的敏感、有的易怒，也有的冷漠觀望，對人保持距離。

與聖誕老公公十五分鐘的約會，降低了他們的防禦。

聖誕老公公簡單開場，勉勵孩子們立下生活目標，努力實踐，接著就是送禮物。載歌載舞的馴鹿志工出場，和聖誕老公公一一送上精心準備的好禮。每個孩子都可收到二至三本新書，再加上襪子、圍巾、文具等，每年不盡相同。看著他們喜孜孜的拆禮物，翻閱熱騰騰的新書，在一旁的我們格外歡喜。

多數的孩子們其實知道他們為什麼會被聖誕老公公「抽中」，但這似乎是彼此的默契。曾有人問我，要不要集合孩子們到司令臺上接受聖誕老公公的「頒獎」，一起合影留念？

不用，聖誕老公公不會同意。

我的答案很明確。

想想聖誕老公公元祖尼古拉斯為什麼要偷偷把那袋金幣丟進三姊妹的家，而不是選擇登門送禮，就會知道原因了。

17 送你一朵玫瑰

玫瑰嬌美，送玫瑰充滿感性的溫柔。
書有智慧，贈書代表知識的力量。

四月二十三日是世界閱讀日，通常這一天，許多行政首長都會挑選一本書，為孩子們說個故事。

每年的這一天我都好忙。因為我同時也在臺北市兒童深耕閱讀團隊擔任研究發展組組長，常需支援這天的記者會活動。

這麼多年下來，算的上是經驗豐富。像是：

二〇一二年，促成了林良爺爺與郝龍斌市長一起為孩子朗讀〈小太陽〉一文，我帶著明德國小幾位學生負責為朗讀「製造氣氛」，要畫龍點睛，但不能喧賓奪主。

文章一開始描述二月、三月的雨下個不停，淅瀝瀝的天氣，我們用悶雷和雨聲開場，學生舉著幾朵烏雲，緩緩從朗讀者的背後飄過，引導全場的聽眾集中注意力。

接下來，林爺爺與郝市長的朗讀字字懇切，充滿情感，不需要我們添加調味料。

學生再度出場時，已是文章的後段，描寫出生後的嬰兒有如小太陽，能透過雨絲，暖烘烘照射我們的心。這時學生舉起溫暖的太陽公公，伴隨啁啾的鳥叫聲，從背幕升起，為動人的朗讀畫上美麗的句點。

二〇一四年，臺北市教育局提出「倒數世界閱讀日」的創意構想，設計一個大型「戳戳樂」，從四月一日開始，每日的格子裡藏有一個科學閱讀的任務，一直到世界閱讀日的前一天為止。

這二十二個任務囑託我幫忙設計，於是成語裡的科學、新聞裡的科學、科學家的故事、電視電影裡的科學、閱讀科學雜誌、閱讀科學書籍等，變成了各校倒數過程的每日挑戰，題目揭曉有如「開獎」般興奮刺激。

有趣的題目包括：

「鷸蚌相爭」的「蚌」是什麼動物？

你認為「蚌曬太陽」合理嗎？為什麼？

電影裡的蜘蛛人有哪些能力和真實的蜘蛛相似？

再查查科學家打算將「蜘蛛絲」怎樣運用在生活中？

一日一格，一格一題，延續二十二天後，在世界閱讀日這天的記者會正式揭櫫本年度科學閱讀的推動重點。

二〇一五年臺北市有意推動數位閱讀素養，硬邦邦的主題要怎樣在短短的八分鐘內深入淺出的「重新包裝」，讓記者會現場所有人一聽就懂呢？

這真是煞費苦心。

幾經推演，我決定以「棚內雙主播」加「連線報導」的方式進行。於是開始撰寫腳本，和郁琦老師指導士東國小的學生上場。

雙主播由「紙本博士」和「數位博士」擔任。

連線報導受訪的對象，則由其他學生分飾捷運族、老爺爺、老師、媽媽、小男生等角色，說出數位時代線上閱讀的美麗與哀愁，並事先拍成短片。

記者會當天，雙主播一邊有板有眼的播報，一邊流暢的切換螢幕上的「連線報導」，果然大為吸睛，聽過秒懂。

一年一度世界閱讀日的重頭大戲，年年忙得不亦樂乎。

二〇二〇年，因為新冠肺炎疫情肆虐，許多大型活動都取消了，世界閱讀日的記者會也不例外。

臺北市教育局提出了「校長說故事」的好構想，既不用勞師動眾，又能在這一天達到世界閱讀日呼籲閱讀的本意。

說故事，不難；說什麼故事呢？倒是得好好想想。

最後，我挑選自己的作品《我家開戲院》中的〈風雨故人來〉，說一個為流浪漢放映電影的故事。因為學生人數實在太多了，只好「線上說故事」，讓「分身」出現在各班教室的螢幕上。

除此之外，我還設計了加碼好禮活動——「你送我一朵玫瑰，我回贈一本好書」。

四月二十三日這一天，四月出生的學生，只要手持玫瑰花，在十點半下課時間到校長室把玫瑰送給校長，並說出一本最近讀過的書名，就可獲贈一本好書。

起初有些人以為這個構想是因為我的名字有個「玫」字，不過這是個美麗的誤會，四月二十三日贈玫瑰其來有自。

多數人知道偉大的文學家，例如，莎士比亞（William Shakespeare）以及塞萬提斯（Miguel de Cervantes Saavedra），是四月二十三日出生或辭世，因此這一天訂為世界閱讀日別具意義。

但還有一個重要的典故，也與四二三有關。

西班牙加泰隆尼亞（Catalonia）中世紀有「騎士屠龍救公主」的浪漫傳說，英勇的騎士聖喬治從巨龍口中救下公主，龍血流過的草地紛紛長出玫瑰花，騎士摘下嬌美的玫瑰送給公主，公主則回贈象徵智慧的書籍。

其後，四月二十三日聖喬治日便化身為閱讀日，以玫瑰和書籍互贈成為這一天重要的慶祝活動。

玫瑰嬌美，送玫瑰充滿感性的溫柔。

書有智慧，贈書代表知識的力量。

互贈書與玫瑰是多麼有文化、有內涵的畫面啊！

讓小學生也體會體會吧！

問：如果學生買玫瑰花有困難怎麼辦？
答：用畫的也可以。
問：為什麼只限定四月出生才能參加？
答：不然校長會破產。
問：老師也可以參加嗎？
答：歡迎之至。

四月二十三日一大早，六年級十位導師手持玫瑰魚貫而入，揭開了世界閱讀日的序幕。學生則集中於十點半下課時間排隊送花給校長。孩子們送的玫瑰真是琳琅滿目，真玫瑰、香皂玫瑰、摺紙玫瑰、黏土玫瑰、鑰匙圈玫瑰、鑽戒盒玫瑰、玫瑰繪畫等，讓人目不暇給。

高年級男生手持玫瑰會害羞，他們覺得那看起來像是「向女朋友求婚」，通常得在導師用力鼓勵下才靦腆前來。

女生幾乎沒有這層心理障礙。有個女孩畫了一張布滿花朵的卡片，說：「我不會畫玫瑰，但我很用心畫了很多花，可以通過嗎？」

「你說它是玫瑰就是玫瑰。」我笑著說：「再問一次，這是什麼花？」

「玫瑰。」女孩不假思索的回答。

老師送的花也不遑多讓，玫瑰花束、永生玫瑰、瓶中玫瑰、手環玫瑰、彩印玫瑰、別出心裁的「墨玫」，還有以芭樂權充玫瑰。多歡喜！

閱讀不一定要正襟危坐，但太跳 TONE 的閱讀也難以讓內容進到頭腦裡。

書香配花香，正好。

4月
23
星期三

18 我敬您如師，您待我如友

或許，您早已飛得比飛機更遠、更高，
在至高處看著您這一生帶給臺灣閱讀教育的好山好水好風景。
而我的校長生涯也因為有您的照亮而看得更遠、更高。

在我的人生旅程，無比幸運的遇見了您。

二〇〇六年，臺北市政府教育局囑託我做個專案研究，但我的研究功力差太多了，得知中央大學有位大師級的教授，便硬著頭皮開車專程到研究室拜訪，希望獲得指點一二。這個專案沒什麼經費，我們又是初次見面，亦無交情，但您親切又具體的建議我關注閱讀興趣不足和閱讀偏食的學童，同時耐心指點我接下來每個步驟。您的周邊，談笑都是鴻儒，我不過是一個小咖，卻得到您這樣誠心的對待。……從此我告訴自己，只要是您吩咐的任何事，我都不會推辭，必定全力以赴。

二〇〇七年，臺灣公布了前一年參加「促進國際閱讀素養研究」（PIRLS）的成果報告，您是計畫主持人，針對問題提出應進行各項閱讀基礎及行動研究，讓大學和中小學合作，展開閱讀理解教學實驗。

那一年，您對我說：「校長，你也來吧，臺北需要有一隊。」我也在這過程中，從一個門外漢到漸漸有了概念。

二〇一一年，您邀請香港播道書院葉老師來臺公開授課，希望也邀請一位臺灣老師進行同課異教。當時香港在PIRLS的成績比臺灣優異，這個帶有一絲教學ＰＫ味道的挑戰，我接下來了。上完課的那晚聚餐，您拍著我的肩膀，微笑著對大家說：「沒想到出現了黑馬。」我們後來還共同出版了教學影片和書呢！

二〇一二年起，您在北中南東邀請各大學共同發動了全臺閱讀理解策略教學，瞬時風起雲湧，閱讀策略成為校園顯學，把臺灣的閱讀教育重新定位，不只讀多，更要讀懂。

二〇一四年，您留意到數位時代對閱讀和教育的改變，帶領我們研發數位閱讀素養教案，並辦理一系列的推廣研究。之後，我們相處的機會愈加綿密，不論是ePIRLS、台灣閱讀文化基金會的各項計畫、多文本閱讀等，我都能近身向您學習。

二〇一九年十一月二十九日，您知道我將辦理退休，問：「要不要到清華大學來一起做事，如果不嫌遠，我們需要你……」這樣的榮譽和禮遇讓我內心喜不自勝，接下來許多的行政流程，您更是幫了很多忙。

我不敢說自己是千里馬，假如……我說假如是……，那麼您就是我的伯樂。

我將退休的前半個月，您常傳訊息給我：

「你要小小心心的忙，不能再『華麗』出狀況，等空了，我請你吃飯，慶祝一下。」（七月十六日）

（七個月前我因趕時間急奔不小心跌倒，膝蓋髕骨骨折，自嘲是「華麗的仆街」，沒想到您還記得。）

「校長，臺北開始下大雨。你開車回來要非常小心。一路平安。」（七月二十七日）

（我們一起到基隆演講，您的場次講完了先回臺北，我還繼續著。）

「校長早安。我們可以開始倒數你行政職的日子了。還有三天。願這三天順順利利，不叫你煩心。」（七月二十九日）

（不久前您問我快退休了，忙不忙？我說比忙更忙！）

「校長，最後半天了。完美的告一段落。」（七月三十一日）
（您自己行程滿檔，還記得這是我校長生涯最後一天！）

二〇二〇年九月五日，金門有場研習，我們要一起前往主講。難得去金門，我想提前一天去逛逛，您聽了也說要帶媽媽一起去玩。我們各自訂機票，您訂的是立榮航空，十點四十五分抵達金門；我比您早到，在機場邊做事邊等待。

十點四十五分、十一點四十五分……我們望著機場出站的門口，一直沒等到您，焦急得到處聯絡。

以為是小別，沒想到後來竟是永別！

這段時間，關於您的情況，我一直憂心忡忡，生活中凡是遇到開心的事，常常高興一下接著就失落下來，覺得您在受苦中，我不應該獨自快樂。

十月三十一日夢見您精神奕奕，一襲平時常穿的黑色洋裝，坐在一間古色古香的茶館和我聊天。

我說：「老師，您怎麼不生氣，這疾病來得太莫名其妙……」

但您調皮的對我說：「沒關係，我已經懂得怎樣和它相處了。」

這些日子我常感不安，又無法探視，上網搜尋相關醫療訊息更是怵目驚心。

十一月十八日晚，徹夜輾轉難眠。凌晨一點、三點、五點都突然醒過來，一度以為是白天咖啡喝多了，但以前即使喝多也不至於如此。

十一月十九日一大早，接到您辭世的消息，一時半刻不知要怎麼反應，接下來要趕到新竹虎林國小演講，在公車、客運上眼淚才開始撲簌簌無聲的流著，一行行滲入口罩裡。

許多您的好友都說：「別哭，老師一定希望你們歡歡喜喜的。」但是他們也都掉淚了。

您沒搭上那班飛機，或許，您早已飛得比飛機更遠、更高，在至高處看著您這一生帶給臺灣閱讀教育的好山好水好風景。

您可能不知道，我的校長生涯也因為有您的照亮而看得更遠、更高。

謝謝您，致我最最敬愛的柯華葳老師。

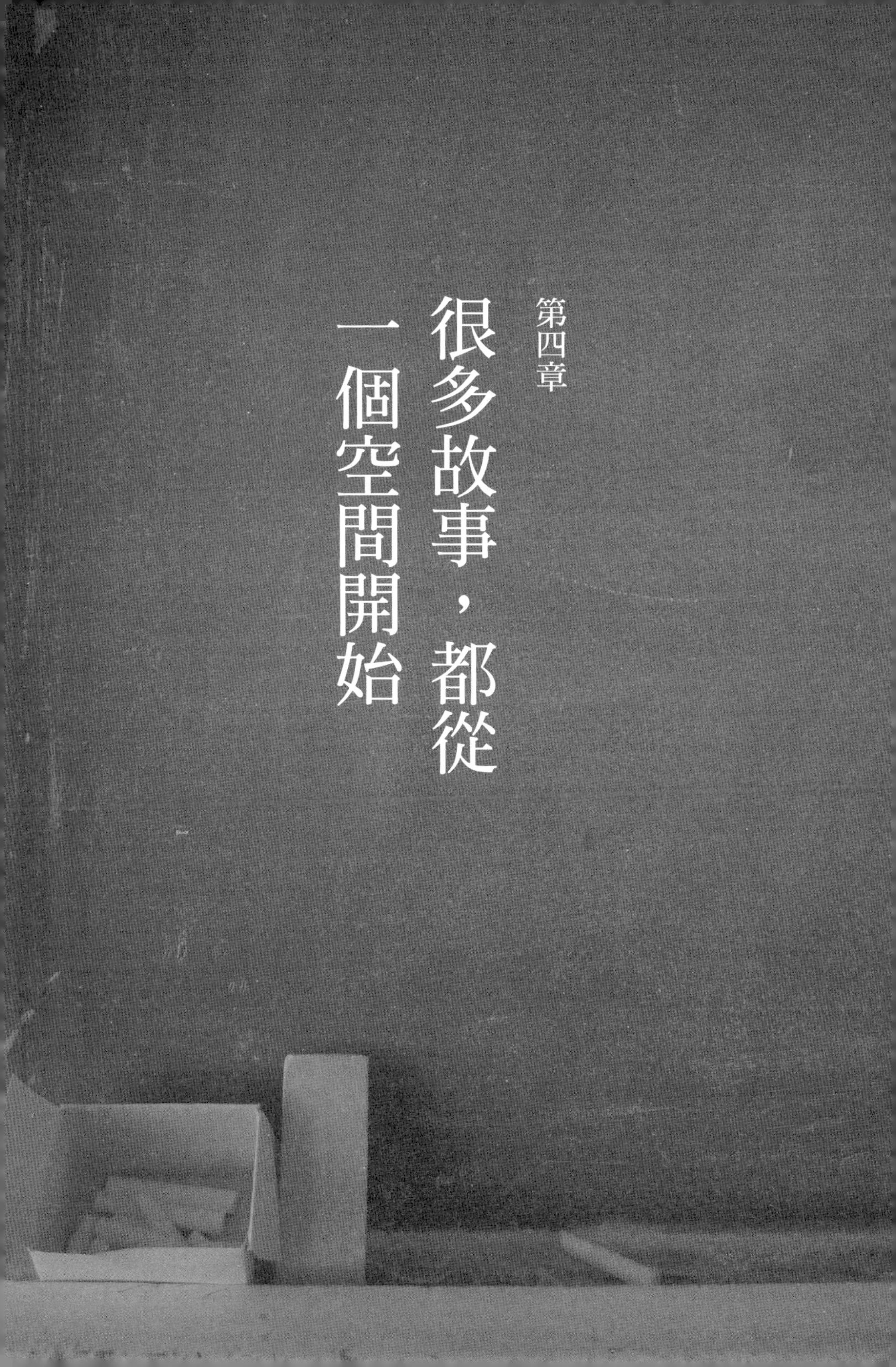

第四章 很多故事，都從一個空間開始

19 走廊的故事

如果觀察學生在走廊的流動，它不只是師生行走的通過，也是學生下課遊戲、課間做操、整隊集合和雨天朝會的重要空間。不論經過哪兒的走廊，請看看、聽聽、想想，走廊可不只靜靜的存在呢！

走廊，可說是校園最低調的空間。

走過、經過，但不一定為它停留。長久以來，它就是靜靜的存在著。

如果觀察學生在走廊的流動，它不只是師生行走的通過，也是學生下課遊戲、課間做操、整隊集合和雨天朝會的重要空間。

因為這個緣故，走廊，一直是我凝視的重點。

早期興建的校舍，走廊寬度僅求符合法規；近來改建或新建的校舍，最明顯的特徵之一，就是走廊變寬了。這表示工程設計已經注意到走廊的價值，不僅在心理上舒緩了窘迫感，同時也回應了師生實際的需求，我姑且稱為「走廊意識」！

擔任校長前，我在一所超大型的學校服務，全校近一百五十班、五千名學生，每到下課時間，擔任訓導主任的我，最常和處室的組長到走廊「抓奔跑的學生」，被抓到的就要停下來，在原地數到一百才能離開。

可憐的孩子！本來該是活蹦亂跳的年齡，因為人多空間小，奔跑常造成互撞的「人禍」，我不得不出此下策。學校甚至提醒懷孕的老師，要等上課鐘響、脫韁野馬回籠了，再開始移動，以策安全。

到大橋國小擔任校長後，第一眼就為這兒優美寬敞的環境心醉。一九八九年在前輩校長任內完成校舍改建，迎面的大樓入口挑高穹頂，格局方正，二樓擁有寬闊的雙邊走廊，一邊俯瞰大門的動靜，一邊眺望草木扶疏的中庭，且可連接左右兩棟校舍。

這條寬敞的走廊不影響隊伍通行，讓我的「走廊意識」瞬時噴發。

我和家長會討論構想，家長會士元副會長捐出好幾組西餐廳用的桌椅，擺放在靠正門的一邊走廊，鋪上桌巾，十分典雅；這裡正面迎風，我們在挑高的屋頂上掛了三組大大的風鈴，風鈴聲要耐聽，我們特別選擇竹製的，每當風兒吹來，竹管碰撞的聲音，有置身萬頃綠波田園之感。

另一邊的走廊視角佳，面向中庭，還常有不知哪個方向傳來的鳥叫聲。我們很快有了藤製的休憩桌椅，長長的走廊，桌與桌之間擺放了同款式的置物藤架，上面有課外書籍和各式棋具。

細心布置之後，這兒成為鄰近班級學生下課的另一聖地，孩子們在這裡聊天、下棋、看書，或是什麼都不做。校園空間要盡可能滿足不同氣質、不同需求的孩子，同時也要示範美感的空間營造。至誠阿伯為這條走廊取了個名字：「大橋亭仔腳」，我覺得很棒。

明德國小的校舍於一九七七年竣工，走廊的寬度是規定尺寸，不適合擺放東西，以免影響基本通行。校舍外牆使用淺藍色的小長方磚，給人冷靜的感覺。不過我們在一樓行政處室的走廊花圃，插上了一整排的彩色小風車，風車不時轉啊轉的，整個校園就活潑動態起來了。

中庭有座假山，假山上有兩棵小葉南洋杉，很可能在校舍落成時就種下了，如今它們高聳參天，加上周圍茂密的其他樹木，學生無法靠近，無意中打造了鳥類極佳的棲息地，經常可發現枝椏間有鳥巢的蹤跡，像是珠頸斑鳩。

賞鳥吧！

我和自然老師討論，決定在三樓自然教室外的走廊欄杆安裝三支望遠鏡，讓學生「有距離」的「近距離」觀賞鳥兒的活動。

當然，這兩支望遠鏡是不須投幣的。

士東國小的校舍則是新舊並陳。北棟是舊校舍，二〇一三年結構補強，歷經翼牆工法的破壞再造，最後一道工序就是刷油漆，外觀重新復原。

我計算了北棟走廊每層的梁柱和天花板的數量，評估如果刷上彩虹七彩色的效果會如何？只用在梁柱上，還是走廊天花板也上色？

雖不致到「一旦決定，就是永遠」的程度，但若評估錯誤等於在校園留下失敗的作品，且會持續多年。

廠商帶了一張油漆色卡來。

七彩的顏色很飽滿，但如果刷在牆壁上看起來又重又豔，根本不適合。

我搖搖頭，要廠商再提供別組色卡。

下一次廠商帶了三百六十種調色卡來，組合真是美不勝收。我選了接近糖果色的彩虹，柔柔的，十分舒服。

油漆後的結果，沒有辜負我們再三的慎重。北棟有了新氣象，規律又有變化的彩虹走廊，不論從哪個角度拍照都美極了。

國語實小則是個空間嚴重不足的學校，人多地少，尤其下課時學生如潮水般的進出，走廊更不能有長物。前輩校長在走廊天花板請人畫上了各個星座圖，必定也是注意到空間問題，點子只能向上發展。

二〇一八年，我和總務碧芳主任委託巧薇老師及美勞團隊，把採光差的樓梯間，以明亮色系將空間挑亮起來，運用抽象畫分割重組，在色塊之間留有精心設計的「隱藏版」，每個牆面藏著象徵國語實小的注音符號；這些注音又能拼成一個字，而八面牆的字再連成一個句子。

大門通往校區的斜坡廊道，則委託美創社建偉、怡婷老師設計，邀請十種臺灣原生動物「入座」，階梯上有牠們一個個的屁股和雙腿，歡迎學生也坐在這些「貴賓席」上。屁股對面是原生動物的「全身照」，牠們化身為實小的學生，正在用心的學習……

走廊的故事持續訴說著。

不論經過哪兒的走廊，請看看、聽聽、想想，走廊可不只靜靜的存在呢！

20 廁所都不廁所了

廁所整修最主要的目的，就是讓廁所有「家的安心感」，乾淨、明亮、舒適、通風。

要讓全校師生「想拉就去拉，想拉就敢拉」。

說到廁所，你想到什麼？

難聞的臭味、陳年的黃垢、死白的壁面、打開門令人作嘔的穢物……，這大概是早期廁所留給大眾的共同印象了，難怪新聞報導有學生因為不敢上學校廁所，憋了一整天尿，導致膀胱發炎。

這不是文明。毫不友善。

當學生視學校廁所為畏途又不得不如廁時，整個解放過程無法好整以暇、從容自在；他們屏住氣息，不敢四處張望，快進快出的結果，流彈四射瞄不準的狀況無可避免的頻頻發生，形成一輪又一輪的惡性循環。

隨著「學校廁所列為公廁」政策，以及臺北市政府推動「公廁年」起，這種情形有了全面的改善，廁所整修也成了學校重要的基礎工程。

二〇〇七年起，我在明德國小以「一年一廁」的速度，用四年的時間完成了全校四棟廁所的整修。

廁所整修最主要的目的，就是讓廁所有「家的安心感」，乾淨、明亮、舒適、通風。用更淺白的話來說：

要讓全校師生「想拉就去拉，想拉就敢拉」。

第一年。第一棟廁所。

建築師熟練的丈量每一層樓廁所的尺寸，記錄問題與現況，並瞭解學校的需求；幾週後便送來設計圖說與工作計畫。

地面、牆面和天花板；便器、搗擺和儲物間；管線、洩水和抽風機；還有照明、節能和洗手臺……

四平八穩的企劃出爐，該注意、該改善的，大抵都照顧到了。

可是，我總覺得「缺一味」。

經費得來不易，下一次不知道要等多少年；如果藉由一次施工，在功能性之上增加藝術性，會不會讓新廁所更加分？

藝術領域的一凡老師認為這棟廁所位處兩棟樓的夾角，先天條件不良，採光差，如果能改造洗手臺，效果就會不一樣。

洗手臺在走廊，等於是廁所的門面，我萬般欣喜的期待一凡老師把想法畫出來看看。

他細心繪製了設計圖，運用不同尺寸的馬賽克磁磚，有如為洗手臺從立面的牆到平面的水槽，披上一件華麗禮服。

一凡的設計很前衛。

明明男、女廁比鄰的兩座洗手臺是一樣的，但一邊採用建築師原先設計的整片大鏡子，另一邊卻把大鏡子分割成兩面。

鏡子四周使用高反差的黑白對比馬賽克磁磚圍繞，中間分割處改用藍黃對比，產生強烈的戲劇性。

洗手臺側邊的壁面也沒放過，用小塊的正方形馬賽克磁磚拼貼出各種不同的矩形，有的是大片的色塊，有的是規律的花紋，有的是放射狀的圖案，讓人眼花撩亂。

「這會不會……」我看著繁複的草圖，猶豫的問：「太花了點？」

「不會。」一凡分析圖案元素的變異性和統一性，我是聽不懂的，但看他很有把握，我決定放手一搏。

成品相當動人。

迷人但不亢奮，搶眼但不刺目。站在洗手臺前，鏡子裡的自己好像一座尊貴的藝術品。

第二座整修的廁所，月桂老師把點子動到搗擺上。

搗擺就是廁所隔間，至於為什麼叫「搗擺」？已經不可考了。

現在廠商能提供的搗擺有很多種顏色，學校一般在女廁使用紅橙系列的搗擺；藍綠搗擺多半用於男廁。

「請問，我們的搗擺可以選很多種顏色嗎？」月桂的意思是要依照光譜「一扇一色」，連男生小便斗的隔間板也是。

廠商弄懂我們奇怪的要求後說：「那會等很久，工廠沒那麼多顏色，要調貨。」

「我們等。」我和月桂異口同聲說。

完工後的廁所成了孩子的最愛。那一屆的畢業生用小便斗的搗擺當背景，拍了一支有趣的短片：一群舞者假意正經的尿尿，等音樂響起，再從各色搗擺中竄出來載歌載舞，孩子的創意讓人看了想尖叫。

每每有外賓參訪，只要行經廁所，客人們就忍不住以廁所為背景紛紛拍照。這兒不只是乾淨、優雅，還看得出一份用心的設計感。

連續兩年，我們的廁所得到臺北市績優獎，這個獎項得之不易。頒獎典禮臺背景寫著斗大的「績優公廁」四個字，站在上面拍照領獎時會有點想笑，但當我從市長手中接到這份榮譽時，突然覺得我們的「龜毛」受到了肯定。忘了告訴大家，這些作為完全不須增加預算，工項不變，品質不變，換料不加價。

每座廁所的條件都不相同，服務的對象也不盡相似。分析這些條件，推演各種可能，成了我在修建廁所工程時最大的樂趣。

明德國小長期因晨間、假日開放民眾使用操場，而有「廁所給不給用」的困擾。給民眾方便，造成門禁的破口及廁所的髒亂；不給民眾方便，則背上為德不足、不體恤生理需求的罪名。二〇〇九年，我藉著整修工程，把一樓其中兩間廁所獨立出去且換個方向出入，不用進入教學區即可使用，徹底解決校園安全、環境整潔及民眾需求三個難題。

時至今日，校園廁所設計得美輪美奐已形成風氣，當廁所美到都不廁所了，誰還捨得破壞它呢？

21 神奇書屋

令大人小孩都心動的閱讀空間，我歸納了五個特徵：主題明確、空間明亮、色彩活潑、環境友善、趣味盎然。

早期的學校圖書館，概念上似乎比較接近保存整理書籍資料的藏書閣，重點在「館藏」，有不少學校的圖書館因而設在邊陲地帶，如地下室、頂樓；一直到把圖書館視為終身學習的場域，才開始重視「人」的使用。

明德國小圖書館，位在校園較僻遠的四樓，約三間教室大小，單一出入口，館側無走廊，除了鄰近的教室，從其他各棟樓到圖書館都得繞很大一圈。

由於位居頂樓，每年四月以降十分悶熱；東西向的建築，上午東曬，下午西曬，室內長期處於燥熱狀態，雖有冷氣設施，但效果有限，不利久待。即使藏書豐富，也用心設計各式各樣的推廣活動，但師生寧可自館內借書回班級閱讀，難以吸引學生平時使用。

二〇一一年，幸運爭取到臺北市教育局三千萬的優質化工程經費，其中，包含了圖書館的搬遷與設計。當燕萍督學告訴我這個好消息時，我的血液都沸騰了。

首要改變的是新圖書館的位置。

最好是一樓，至少要兩間教室以上大小，南北向更佳。用這個標準找圖書館新址，最適合的黃金地段只有一個：教師辦公室！如果把隔壁的人事會計室加進來，將有兩間半教室的空間。

教師辦公室除了開會、研習、小型成果發表，平時使用率不高；即使如此，一旦廢除仍有諸多不便。但明德國小的老師們願意犧牲原有的便利，同時在「穿著衣服改衣服」的困難中，一邊施工、一邊容忍場地游移或暫停使用的困擾。我們曾有一段時間，必須在到處都是柱子的地下室克難空間開會、研習，老師歪著頭看投影片，開麥克風一講話，空間回音就嗡嗡響。但大家還是能認同「閱讀教育」的意義與價值、對未來的圖書館殷殷期待。

我們決定：把最好的地段留給學生！

圖書館搬家，不僅是「換位置」，而是空間的重新設計與營造。我們究竟要打造怎樣的兒童圖書館呢？

我參考了許多有創意的空間設計。

當時位於臺北市基隆路的 Fifi 少年兒童書城，一樓空間最吸睛的是一隻高高的長頸鹿，牠實在太高了，在一樓只能看到牠的身體和四隻腳，必須到二樓才能看到長頸鹿穿越樓板的脖子和頭，營造出饒富趣味又充滿想像的空間。

雲林縣斗六市有全臺第一座專為兒童設計的繪本圖書館，整棟建築物的外觀就是一座會說故事的城堡，我猜路過此處的小娃們，都會央求父母帶他們進館一探究竟！

國立臺灣美術館有個兒童繪本區，最讓我心動的，是這區的圖書擺放方式。除了一本挨一本的傳統擺法，還有長排的造型階梯，許多書得以「封面示人」，對兒童來說，不但容易取得，又可快速獲得整本書初步的資訊。

我還蒐集到一些有趣的圖案，最喜歡的是一座落地的圓形書櫃，圓周是擺書的櫃子，圓內是可透視外面的窗戶，人可以坐在內圓裡，一邊閱讀，一邊欣賞窗外風光。

當然也不能錯過 Google 位在蘇黎世的辦公室，被譽為最酷、最瘋狂的辦公室。上網查到的圖片中，有張是雞蛋型的辦公室，員工在蛋裡面討論、工作，似乎有「孵化創意」的象徵；還有一張應該是休閒室，員工坐臥在從天花板垂降的吊床，舒服的打著筆電。

我們的圖書館當然不能抄襲別人的創意，經費上也難以達成這種境地，但這些令大人小孩都心動的閱讀空間，我歸納了五個特徵：主題明確、空間明亮、色彩活潑、環境友善、趣味盎然。

這五個特徵，成為我們對新設圖書館的承諾。

徵選加入工程團隊的曾建築師，三十二歲，有理想性，雖然還未成家，但抱著「將來我的孩子也會喜歡」的心態，提出了許多新穎的構思。

正式施作的前一年，先藉著學校照明工程安裝節能燈具，再結合補強工程評估拆除隔間和窗臺。接下來，圖書館的誕生，一點一滴實現了我們對學生的承諾。

圖書館旁緊鄰一塊學校畸零地，本來乏人管理雜亂無章，在家長會志工的綠手指下，成為充滿生趣的祕密花園，風生水動，療癒紓壓。建築師以此為主題，除了館內有棵開展的大樹造型，外走廊鋪上實木地板，將生硬的女兒牆改成鏤空的弧狀欄杆。如果選擇坐在這裡閱讀，將可享受眼前一片綠意、水聲與蛙鳴。

為了增加自然光，靠祕密花園側的窗臺改成幾乎為落地窗的設計，只留一段低低的座椅兼書櫃；同時降低圖書館中央區的書櫃高度，最高僅有一百一十五公分，增加穿透性，不致像在高聳的侏羅紀公園裡找書。

色彩是兒童圖書館的重要元素，顏色和家具的選用除了要配合主題，還要符合孩子活潑的天性，提供視覺享受，但又不能弄得像遊樂場一樣，反而靜不下心來。

大量使用流線型的書櫃造型，讓木工師傅吃了不少苦頭。

知道嗎？書籍最美麗的地方是封面，不是書背。我們刻意留了兩排可以讓封面露出的長長展示櫃。

知道嗎？孩子活動時像狗，閱讀時像貓。我們在書櫃裡鑲上沙發、在環狀迷宮書櫃裡藏著小座椅，讓這些「閱讀的貓」可以自在的窩在祕密角落讀書。

當然還有童話般的設計。

入口有兩個門，一大一小，造型像《愛麗絲夢遊仙境》裡吃了會變大變小的蘑菇，也像能打開知識寶藏的鑰匙孔；如果從小門出入，可能得彎個身才不會撞到頭，有如在浩瀚的知識面前，人人都得學會謙卑。

在這一波改造中，學生也發揮了創意，以「我心目中的圖書館」為題，設計構圖，充滿童趣，提供建築師不少靈感。不論是否可行，但藉由徵圖讓學生關心並參與學校改變，大大提升了對學校的認同感。

圖書館命名為「神奇書屋」，全銜四個字請擅長書法的一凡老師題字後製成鈦金字，其中三個半字正常的鎖在牆上，但「神」字有半個字竟爬上了天花板……，要仔細看才會發現這個巧思！

「神奇書屋」與美國兒童文學作家瑪麗．波．奧斯本（Mary Pope Osborne）所著暢銷書《神奇樹屋》（*Magic Tree House*）書名讀音相近，這也是我們的意圖：期待到書屋的孩子們，都能像《神奇樹屋》裡的小兄妹一樣，悠遊中外，縱橫古今，收穫滿載。

這是民國百年，我們送給孩子最好的禮物。

神奇書屋

22 牆，阻隔了什麼？

高高的圍牆，象徵了人我的阻隔、互相的設防，代表劃分界線；推倒圍牆則意味著融和、開放與自由。

十九世紀愛爾蘭作家王爾德（Oscar Wilde）有一篇知名作品〈自私的巨人〉（The Selfish Giant），描述巨人有一座美麗的花園，孩子們常溜進來遊玩，但巨人不願與人分享，他趕走孩子，並築起一道高高的牆。寒冷的冬天裡，沒有孩子的歡笑，花兒謝了，鳥兒飛走了，花園冷冷清清的；一直到有個男孩出現，正因爬不上樹哭泣，巨人將男孩抱上了樹，男孩則溫柔的親吻巨人，融化了巨人冰冷的心靈。後來巨人推倒圍牆，讓孩子的笑聲重新充滿花園。

這是一篇充滿寓意的童話。高高的圍牆，象徵了人我的阻隔、互相的設防，代表劃分界線；推倒圍牆則意味著融和、開放與自由。

但校園很難這麼浪漫。

儘管近來新的學校建築思維都朝著開放式的方向設計，但對於校園安全的考量始終不敢鬆懈。尤其是都會區的校園。

許多名義上無圍牆的校園，實際上仍以降低圍牆高度、以植栽綠籬或柵欄代替傳統沒有穿透性的圍牆。

我也認同校園圍牆的形式應該更開放友善，不過每個學校的條件都不相同，這事一定得因地制宜。

明德國小二〇一一年的優質化工程中，包含了圍牆的改造。原本校門兩旁的圍牆是灰黑色洗石子的建材，閃電造型綿延近百公尺，長年守護師生的安全。這排圍牆臨著大馬路，路上人車熙來攘往，十分熱鬧；從圍牆到校舍中間有一大片綠地庭園，動靜有明顯區隔。

這樣的條件下，把這段圍牆改造得更為開放，相當可行。何況，警衛室就在同排圍牆不遠的地方。

和建築師討論後，保留了設校時閃電形的圍牆特色，基座不變，依序按柵欄、實牆、柵欄、實牆……的間隔做了設計。柵欄部分，運用了象徵「明」字的太陽射線；實牆部分，則由應屆畢業生以磁磚拼貼圖案鑲上去，並於上方加上小燈，夜晚打亮作品，也照亮夜歸行人的腳步。

半鏤空的圍牆，雖然也是阻隔，但增加了視覺的穿透性，行經此段，若隱若現的可窺見學童在庭園裡的學習與遊戲，社區因而變得活潑有朝氣；夜晚也因穿透性的圍牆，降低宵小混跡校園的機率。

值得一談的是，大門在此波改造中也迎接了開放的思潮。嚴肅的警衛室外觀變成魔術方塊，其中一片方塊斜插在地面，做為大小門之間的區隔，兼做家長送來的便當放置架。牌樓型的舊式校門拆除，以白色偏低的折疊門和大器的校名牆，展開「明若太陽」的胸襟，擁抱每位進入學校的師生。

巨人並沒有推倒真實的圍牆，但撼動了隔開你我的疆界。

另一個例子在士東國小。

學校緊臨中山北路的力行樓於九二一大地震後因損壞而重建，重建後的圍牆不算高，加上牆邊種植的福木、仙丹花，加強了圍籬的保護功能，也柔化了圍牆的冷硬。

不過，中山北路愈往北地勢愈高，依水平線抓相同高度的圍牆，隨著地勢漸高也愈來愈矮，到後段連小朋友都能直接踩踏越過圍牆，這明顯有潛在的風險。

試過種樹、種灌木……，植物還沒長大就被踩扁了。

插竹竿，圍竹籬笆……，晚上懶得從大門進出的民眾，翻進翻出也壓壞了。

鐵工說：「這簡單，加個不鏽鋼欄杆就行了。」我搖頭，這太突兀了。

後來是一些字母地標的打卡聖地給了我靈感。

我決定在過於低矮的圍牆上，一處設置代表士東國小英文縮寫的「SDES」，暗紅色，下方裝有投射燈；另一處種上一棵童話樹，草綠色，上頭有一對小鳥相視唱歌。

完工後的字母地標和童話樹，不著痕跡的補強了校園安全的漏洞，且真的成為社區的熱門打卡景點，尤其春天時，家長會偉群會長尊翁種下的櫻花盛開，和SDES紅色字母相映成趣，拍照攝影者更是絡繹不絕。

但最浪漫的，莫過於大橋國小的捷運工程圍牆了。

二〇〇一年臺北捷運新莊線大橋國小站開工，我躬逢其盛，恰好在這個重要的時間點到大橋國小任職。捷運沿著學校靠民權西路側興建，施工時間將長達數年，為了保障師生安全，工地旁築起了一道長長的臨時圍牆。

既是臨時，外觀自然有點抱歉。

「我們辦個親子彩繪活動吧！」我向施工單位建議。

工地主任二話不說，欣喜得點頭支持。據說在此之前，捷運局與學校關係緊張，為了捷運興建的議題意見相左，公聽會上有幾次摩擦得厲害。

施工所為我們準備了油漆、刷子、粉筆、抹布等各式用具，一應俱全。約定某個週末，報名的家庭以「童話故事」為主題，負責彩繪認養的區域。

那天，大人小孩扶老攜幼有如一場大型社區戶外趴，構圖上色、野餐玩耍，大家在工地牆邊，邊玩邊畫邊交流，那面灰濛濛宣告「嚴禁進入」的牆，早已變成燦爛歡樂的塗鴉牆。

而不知什麼時候，工地那頭的工程師小葉，和學校這頭的鄧鄧老師，雙雙攀越了圍牆，譜上一段情歌。

不久，捷運王子與大橋公主成了眷屬。

原來，有些事情，什麼牆都擋不了。

23 角落也有戲

校園有很多角落，常常是不受注意的地方。
有些角落很孤獨，幾乎被遺忘了，
但變身後，成了歡樂的代名詞。

校園有很多角落，常常是不受注意的地方。有些角落很孤獨，幾乎被遺忘了。

明德國小與奎山中學僅一牆之隔，兩所學校的夾縫中，有一小塊狹長的畸零地，裡面有個人工小池，但年久失修，漸漸變成雜草叢生的「廢墟」，沒有人想靠近。但在學校志工的慧眼下，請來專家勘查指導，活化水池，整修步道，栽種與教學相關的臺灣原生植物，花了很久時間，合力把這裡改造成美麗又雅致的花園。

這座花園不是觀光展示用的，不講究修剪得整整齊齊，而是規劃讓植物自然生長，裡頭種了馬利筋、金桔、芋、鳳仙花、馬兜鈴等，池裡也有許多水生植物，如浮萍、睡蓮、水蘊草等，魚兒就在裡頭捉迷藏。老師把花園當教室，帶學生來觀察；學生平時也可以進來逛逛，感覺像走進一座「迷你植物園」。

後來我們把圖書館搬到花園旁，透過建築師設計的弧狀外走廊，與花園融為一體，坐在館外走廊的木椅，就可以享受花園的滿目綠意。

這兒有很多角落小生物，特別是蝴蝶成群結隊的來拜訪，找個舒服的地方產卵、吸花蜜，孵出來的毛毛蟲更是天天進行「大胃王」比賽，把馬利筋啃得一葉也不剩。

動物訪客雖多，但訪客是斯文的，反而是兩旁學校的學生上課聲、玩鬧聲，和安靜的花園呈現出強烈的對比。

這兒名之為「祕密花園」，名稱是全校小朋友投票選出來的，它確實很祕密，不是「熟人」，很難找得到這個角落呢！

而有些角落，它的「前世」並不是角落。

士東國小的校舍本來圍成一個大大的口字形，南側二樓高的校舍一九五四年完工，是全校最老舊的建築，算是爺爺級了。由於沒有使用執照，也出現許多問題，經評估後決定在二〇一五年拆除。

西側的力行樓是九二一大地震後新建的，南側舊校舍長得矮，力行樓新校舍長得高，為了讓校舍間來往通暢，特別在力行樓二樓邊做了幾截階梯及小平臺以銜接兩棟校舍，從側面看，銜接的通道外形就像一支長了四隻長腳的湯匙。

但舊校舍拆除後，這支「湯匙」將有如新大樓多出來的盲腸，懸在一隅，尷尬的存在。

「拆掉！切齊大樓的邊不就得了。」

「唉，可惜了，這個銜接通道還滿有質感的。」

「階梯盡頭加道鐵門，安全就好。」

「真的要尷尬到底，增加一個無用的角落嗎？」

「改成瞭望臺！」

「但這裡的視角乏善可陳，總不能瞭望圍牆外的民宅吧！」

和主任們來來回回的討論後，我們決定以階梯底端的小平臺為基地，把這裡改成「溜滑梯」，重點是：可以從二樓一路溜到平地！

實際上，滑梯的高度並不是真有二層樓高，扣掉幾截階梯的高度後，實際約一點五層樓高，但，也夠令人興奮了。

如此一來，整支「湯匙」可以完整保留，從「匙面」兩側再分別設計一座可爬上來的遊樂梯，和一座長長的溜滑梯。

請廠商專業評估溜滑梯的高度、斜率、材質，以及溜到底部的緩衝區地墊範圍等，證實可行。接下來，就等待它的誕生了。

完工驗收後，如我們預料，學生不分大小，個個都想溜；溜一次不過癮，還想再溜。下課時間，等待溜滑梯的人龍綿延幾十公尺，學務主任政智只得出動糾察隊維持秩序。但人數還是太多，擔心學生玩得心急會有安全疑慮，後來只好規定「上午一二三年級、下午四五六年級」，疏散人潮。

這得等到新鮮期過後，才會漸漸建立遊樂區新的平衡。

這個角落，成了歡樂的代名詞。

還有些角落，會分階段慢慢「變身」。

國語實小警衛室後面有一個「玻璃屋」，這裡最初設計的功能是為了讓等候家長接送的學生有個休憩的區域。

二〇一七年慧潔和夢怡老師提議，在玻璃屋角落設置一個英國風的紅色迷你電話亭，亭內放置課外讀物，供學生等候時自由取閱。

紅色的電話亭十分搶眼，總讓我聯想到超人在電話亭變身的情節，現在也可以解釋成——小孩到電話亭取書閱讀後，就會變成知識的超人。

由於這裡可算是半戶外，總務主任碧芳發現幾年下來長條座椅上的貼皮開始潮濕剝落，座椅下方設計的櫥櫃也沒有什麼功能，我們決定配合英國電話亭的風格，把座椅側面漆成古色古香的倫敦橋，不怕坐在椅上的小孩鞋子踢髒；椅面則貼上英國道路的標線。

接著又挑選了十張英國著名景點的照片，輸出成特大號的明信片，貼在玻璃屋四周牆面，學生還可以掃描上面的 QR code，不用出國也能認識這些景點。

完成後的英國風圖書角果真很有味道。

有天，我和教務主任容雪站在玻璃屋滿意的欣賞著。

「會不會有小孩瞧著瞧著喜歡，拿起筆就直接在明信片上寫起字了？」我說：「要是我，會想把這些特大號明信片寫了寄出去！」

「哦？校長，我們要不要乾脆徵求全校學生作品，選十位入選的學生親筆寫上去呢？」

Fun Library

容雪笑著說。

這個點子太棒了。

二〇一八年的寒假，教務處舉辦明信片徵稿，請學生寫給任一故事裡的角色，吸引了七百多人投件。

有人寫給《西遊記》裡的孫悟空、《你的名字》（君の名は。）裡的宮水三葉、《哈利波特》（*Harry Potter*）裡的榮恩（Ron Weasley）……，非常精采。我們評選後邀請十位作者親自到玻璃屋明信片上，用麥克筆寫上他有趣的信件。其中最令我們印象深刻的，是一個女孩寫給《三國演義》裡的貂蟬：

親愛的貂蟬姐姐，聽說您閉月羞花，不知我是否有榮幸，加您的LINE，請您發您的照片給我好嗎？謝謝！

呵呵，這個角落好有戲，絕不只是校園的裝飾品啊！

24 再見了，南棟

南棟就像一位蹲下身與年幼學童平視的慈祥老爺爺，
陪伴他們度過童蒙的小一、小二。
對南棟有溫度的巡禮與感恩，
可說是士東人對南棟奉獻超過一甲子的最深感謝。

南棟要拆了。

二〇一五年暑假，士東國小最老的南棟將奉准拆除。

這是一棟二層樓的低建築，一九五四年完工啟用，屹立在士東超過一甲子。學校「後起之樓」每棟至少三層樓起跳，南棟因而看起來更顯得低調、樸實無華；甚至，我才注意到從未給這棟樓起個正式的名字，它位於南邊，大家就「南棟、南棟」的稱呼它。

南棟的兩頭，一端連結活動中心，一端銜接二〇〇三年落成的力行樓，共有十八間教室，所有的低年級班級都安排在這兒上課。可說，南棟就像一位蹲下身與年幼學童平視的慈祥老爺爺，陪伴他們度過童蒙的小一、小二。

但是，南棟太老了。

構件多處損壞，經修繕仍有滲水白華與鋼筋生鏽的問題；混凝土品質不良，中性化偏高；頂樓版構鼓脹損壞嚴重，伴隨漏水情形；西側銜接處構件裂開損壞；耐震能力不符合現行規範……

評估報告的文字叫人怵目驚心，即使進行結構補強，仍然需要投注相當的人力及經費維護管理。教育局建議若既有校園教學空間允許，不妨「拆除整地」，不但能提供師生活動空間，並可減少教育資源之浪費。

整體評估後，南棟，確定要拆除了。

拆除校舍並非電影情節演的那樣：在各個角落埋設炸藥，然後按一個按鈕，「轟」一聲夷為平地。

完、全、不、是。

整個過程是一場磨人心智的考驗。

二〇一五年暑假，學校共有五項工程，耗資高達二千二百萬。其中廁所整修、花臺整修、欄杆安全等屬於一般修建工程，對我們來說難度不高，暑假結束時應該能順利交出漂亮的成果。

南棟拆除整地和活動中心無障礙電梯新建，則涉及「請照」，由於請照的進度完全「操之在人」，諸多不確定的因素，特別辛苦。

拆除，要申請拆除執照。

新建，要申請建築執照。

聽起來很合理，做起來關關難過。

姑且略過電梯新建工程。

我們在清查南棟資料時，發現它是由「二樓建築」和「西側鋼構樓梯」組成的，如果要拆，必須申請到這兩件拆除執照。

「二樓建築」自誕生伊始就沒有使用執照，我們以為只要完成報備許可就能拆；沒想到，要先申請「恢復」，才能申請「拆除執照」。

這個感覺很微妙。

就像一個本來沒有名號的演員，鄭重其事的給他一個角色，等他上了舞臺，才告訴他：「你要演的是——下臺。」

「鋼構樓梯」有使用執照，年初就順利取得拆除執照；「二樓建築」則繞了很大一圈，遲至八月才取得。此一延宕，讓工程機具調度出了問題，下游廠商掐著期程壓力冒出許多「不可說」的狀況，又遇到強颱蘇迪勒侵襲、開學一邊上課一邊施工……，每天都有層出不窮的問題要解決。

我在給全校同仁的報告中，提到南棟拆除工程有七個「來去」：

1 文來文去：複雜繁瑣的報廢除帳程序，牽涉許多外部單位。

2 接來接去：橫跨南棟的水管、電路、保全、光纖等要重新布管。

3 搬來搬去：低年級教室遷移，連鎖反應下共有四十二間教室要搬動。

4 修來修去：原本低使用的空間有的要整修，以便重新使用。

5 拆來拆去：南棟摧倒拆解約需二週，將以帷幔及大量灑水方式克服粉塵問題，減少對泳訓班和鄰近住戶的影響。

6 做來做去：南棟整地後，規劃設置主題生態池、戶外木棧平臺、圍牆美化、遊樂及休憩設施等。

7 轉來轉去：辦理各教室物品帳、財產帳的異動。如須報廢，則依規定辦理相關手續及拍賣。

繁重的任務，前後兩任的總務主任碧芳和志豪，擔起了重任。關關難過關關過，從最終結果來看，我們做到了工程「零投訴」。

相較於行政工作，對南棟有溫度的巡禮與感恩，同樣重要。

提早從當年寒假，我們開始蒐集學生在南棟的點滴回憶，三月校慶把師生對南棟的禮讚做成看板，有如外衣披在南棟欄杆上；我們還允許全校學生可以在南棟的任何牆面、任何地面寫字塗鴉，留下對南棟的祝福。

最難能可貴的，志賢、鋕誠、翊智、宇傑、國裕等五位老師，帶領學生上到南棟頂樓，在烈日豔陽下，以拖把為筆，將油漆塗滿事先規劃的方格裡——這是志賢老師到屋頂勘查測量版構的精采發想，讓我聯想到國中時家政課曾經做過的十字繡，在均勻的方格裡繡上有顏色的線。

師生們舉著大筆蘸漆塗滿一格又一格，之後又細膩的用小筆描出筆畫的陰影，終於合力完成五個大字：

再見了，南棟

每個字有一間半教室的大小！

從高處往下看，斗大的字布滿南棟屋頂，壯觀極了，可說是士東人對南棟奉獻超過一甲子的最深感謝。

這個過程，我們用攝影機全程縮時錄影記錄，所有師生欣賞影片時，無不驚訝又感動。即使過了多年，只要想到南棟，我的腦海裡就會跳出那五個字的畫面，難以忘懷。

南棟拆除後，與活動中心二樓接壤處留下了一個缺口——那本來是通道的門。

建築師表示將砌磚封門補漆，「新漆的顏色會盡量和旁邊相同，」建築師說：「但還是會有色差，看起來像在外牆補了塊丁。」

「不，要刻意去強調那扇消失的門，在外牆上畫出門框和通往門的空中階梯，讓每個人都記得，這裡曾有過一棟校舍，叫做南棟……」我說。

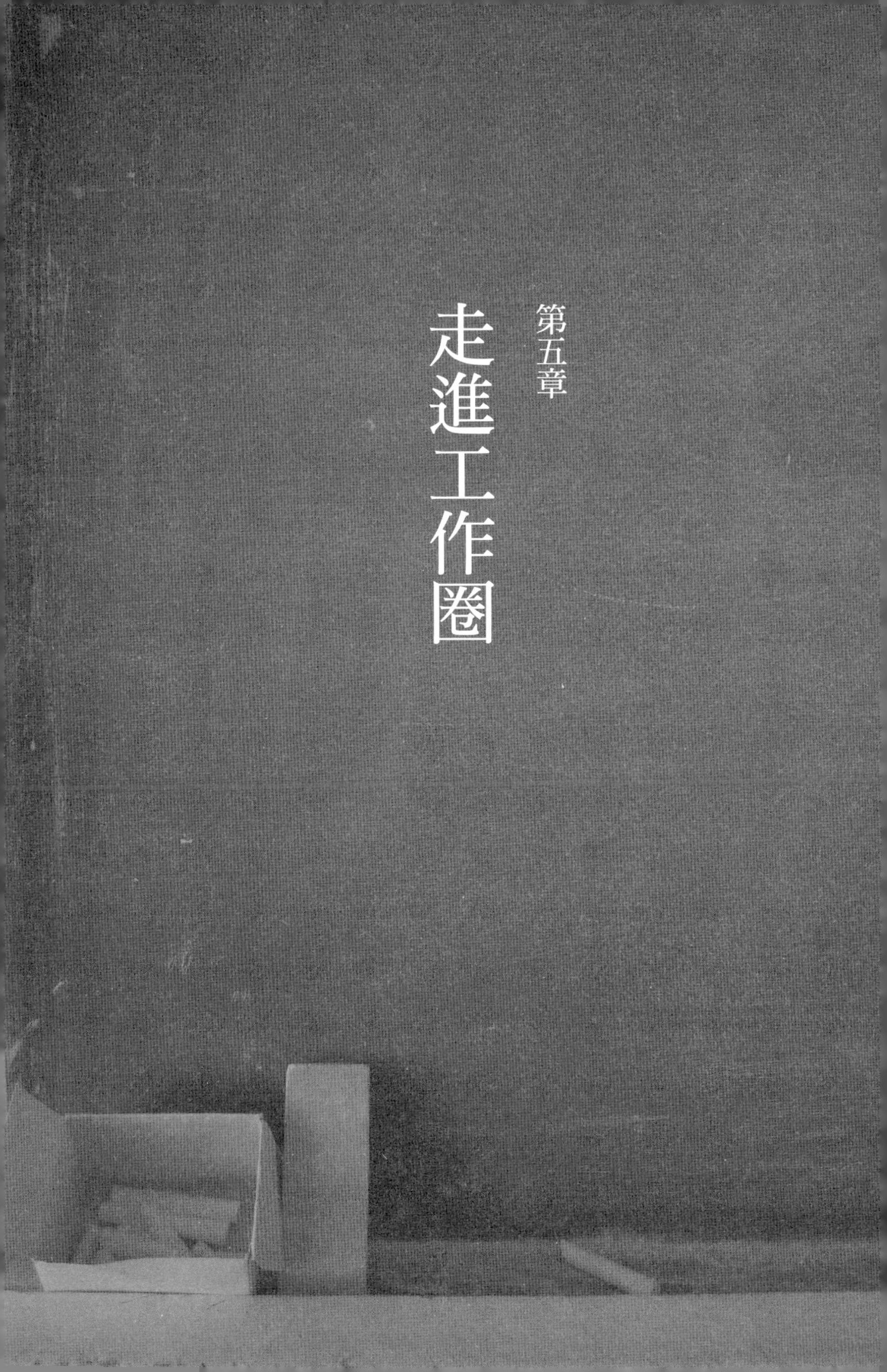

第五章

走進工作圈

25 蹽落去

課程及教學領導，最關鍵的就是「參與」，也就是「走進工作圈」。
校長若不參與、不走進、不接觸，
任何改革或創新只會淪為「理念的仲介」。

大約在我擔任老師的前十年，老師只要把班級管好，照課表「正常上課」，作業認真批改，再配合學校行政的規劃參加些活動，大概就沒什麼問題了。那時的社會氛圍普遍尊師重道，擁有知識權的老師傳道授業解惑，可說是社區仰望的精神人物。

一九九四年「四一〇教改」之後，教育成了經常被改的對象，每隔一陣子，就有各種呼聲和議題冒出來，教改喊得震天價響，改的不只是教育制度、升學考試，也包括學校第一線的課堂。

當然，最主要還是因為時代和社會變遷，姑且不論教改的爭議，外在大環境確實一直變動且速度愈來愈快，學校內部的小環境根本無法置身事外，許多老師也因此跳出來主動嘗試做些不一樣的事，讓他們的課堂螢光熠耀。

變，成了唯一的不變。

但教學的改變不是一件容易的事，許多校長也不太碰這一塊，即使近來認為中小學校長在課程上要稱職扮演「首席教師」角色，不要只有行政領導或是巡巡課堂抽查作業，但我發現不少校長被校務運作的行政工作壓得喘不過氣，很難兼顧教學或課程領導。

另外還有兩個因素，一是教學或課程的領導要花很長的時間，我把這比喻成「種花」的工作，它不像辦活動「煙火」似的能在短時間吸引外界目光，自然影響校長投入的意願。二是課程教學直接面對老師，溝通整合形成共識的過程並不容易，有些校長更願意經營課外社團、家長社區或工程環境。當然，這並非指課程教學以外的事務不重要，但校長在課程教學面向耕耘的比重確實相對少很多。

課程及教學領導，最關鍵的就是「參與」，也就是「走進工作圈」。

在我的觀察中，校長若不參與、不走進、不接觸，或者只是蘸醬油式的開會「勉勵幾句」、「精神支持」，那麼任何改革或創新只會淪為「理念的仲介」——把專家學者或上級政策的建議傳達給老師、交辦給主任後，在一旁靜觀其變或要求成果。

其實，課程及教學領導是非常迷人的。

二〇〇一年，臺灣國中小學的圖書館利用教育尚未成氣候，學生閱讀課到圖書館大多採自由閱讀，觀察學生大多十分享受可以自在取書閱讀的時光，但也發現學生有其慣性行為，進館後只到自己熟悉的區域、拿自己喜歡的書類（特別是漫畫），這等於把圖書館的功能「做小了」！

然而，老師的事情太多了，如果還要為每一、兩週才一節的閱讀課特別設計圖書館利用教育課程，「本益比」實在有點低。

於是第一波，大橋國小教務處邀請實習老師和愛心家長組隊，擬訂「六×六課程」，亦即「每學年六節課、共六個年級」的架構，並由我先試寫幾課，接著定期帶著大家備課並開始教學。這樣的做法在當時還吸引了鄰近縣市的教師及家長團隊前來交流呢！

第二波，我提出「書箱九九、書香久久」的計畫，邀請大橋國小全校老師不分級任或科任、兩人一組分配一本課外書，設計學習單，設計好先對全體老師導讀一次。當然，我自己也先做給大家看，拋磚引玉。

學校班書很多，但缺乏每本書的引導，老師若能先看過，提示重點，那麼學生就不會稀里呼嚕的走馬看花了。大家設計的學習單最後放到資料庫，當老師借了某箱班書，就可以下載或修改學習單給學生使用。

這個計畫效果出乎我預期的好，我還記得瑞芬老師利用電腦把童書繪本《一塊批薩一塊錢》（*One Pizza, One Penny*）當中一頁調成冷色調的藍紫色，讓學生比較原本的金黃色系，閱讀起來有什麼不同的感受；郁然和玉珍兩位音樂老師導讀經典繪本《讓路給小鴨子》（*Make Way for Ducklings*）時，有個提問是：「這本書哪一頁最吵？」

這些導讀角度真是令人拍案叫絕，豐富了師生閱讀的視角。我在這件事上學到了「團結力量大」：每個人注入一瓢水，便可匯流成一路歡唱的溪河。

二〇〇六年，臺灣首次參加 PIRLS，隔年發布成果報告，指出課堂缺少閱讀理解教學，特別是高層次歷程，大多停留在字面意義的閱讀層次。

閱讀能力的高低關係到每個領域的學習，這件事可說是重中之重；然而包括我在內，許多老師對於閱讀理解、閱讀策略都是一知半解。

學習陌生領域，就是跳出舒適圈。

我認為老師不怕做事，但很怕瞎忙，萬一付出了時間和腦力，卻一直被推翻或大修，那真的會讓人沮喪。

瞭解老師的壓力是校長最起碼的體貼，我選擇自己先搞懂是怎麼回事，再設法轉換成適合學校發展的模式，不然會累死三軍。

我申請了二〇〇八年教育部「閱讀教學策略開發與推廣計畫」，有大學教授陪伴，並且利用晚上或假日親自參加幸曼玲教授主持的研討。

過程中，不怕問蠢問題，不急著回到學校趕老師上陣，而是咀嚼學理上的意涵，將教授的指導設法接上現場的地氣。經過跌跌撞撞，終於可以在明德國小試做並拍攝教學歷程。

二〇一一年，我更與香港播道書院名師進行語文課一課兩教公開觀摩，將閱讀策略「融化」在流暢的教學歷程中，過程及記錄收錄在《閱讀，動起來4：閱讀策略可以輕鬆玩》，為一時之作。

不久後，我到土東國小服務，全國閱讀策略教學的資源已愈來愈多，推動時更加便利。我採取了幾個做法：

1 先體驗，後自編：初期使用「課文本位閱讀理解教學」網站下載的教案，編印成冊，提供導師人手一冊。從研讀教案、共同備課，到教學實施、分享報告、回饋省思，一氣呵成。累積近三年的能量後，二〇一五年成為閱讀亮點學校，含校長共十一位成員研發教案，邁入新的境界。

2 有實體，有線上：教師專業社群定期辦理研討，但考慮不同年級教師共同時間有限，同步於臉書成立非公開社團，以讀書會為主，安排社群成員領讀，其他夥伴線上回饋。

3 從核心，到衛星：社群成員跨好幾個年級，運作時發現利弊互見——優點是面向廣、可關注縱向銜接；缺點是討論不易聚焦、對課文的浸透程度不一。於是我做了微調：公開觀課時，邀請同學年非社群老師共同參與文本分析及教案討論，接著分別進行試教，並參加觀課後會談，有如核心社群外的「衛星社群」。

每一步穩穩的走，不躁進，累積成功經驗，我們甚至把每週例行的教師朝會，改為「TED× 士東」，逐場邀請老師進行二十分鐘以內的教學分享，挖掘了許多令人讚佩與欣慰的「策略達人」。

除此以外，包括英語融入教學、媒體素養教育、探究式自然科教學、數位閱讀等新議題，我也都和老師一起共學，每一次都是收穫滿載。

也許有人會問：「校長怎麼有空做這些？」

坦白說，很多心思都要下班後沉澱、深夜再三琢磨，但，參與的老師何嘗不是如此呢？雖然在課程或教學領導上投入了許多心力，但意外發現和老師的互動特別親近，老師覺得「校長懂我們」，反而不用花時間處理因不信任而衍生的種種枝節。我常接到老師撥分機到校長室，問可不可以來找我討論某課的分析或教學設計，當校長的成就感莫過於此！

更奇妙的，在少子化浪潮的襲擊下，各校減班幾乎難以倖免，但士東國小經營兩年後卻出現了變化。我記得二〇一六年四月，洽詢轉入的電話應接不暇，戶政事務所也察覺到不尋常，六月新生報到後果然逆勢增班，創下士林區十幾年來的新紀錄。隔年又逢虎年寶寶入學，教育部統計總人口數為史上最低，但是我們不僅更快速的額滿，報到人數還比前一年更多。

本來以為經營課程教學不像燦爛的「煙火」，很少人會留意，沒想到，竟然會掉下兩顆大彩蛋。

所以，如果不想當個只唱高調的校長，那麼就「蹽落去」吧！

26 自主學習好時光

欣賞學生自主學習的成果真是一大享受。
取消限制，才能讓孩子有自由學習與發展的空間啊！

二〇一五年底，臺北市教育局宣布廢除一九七五年訂定的「臺北市各國民小學寒暑假作業實施要點」，教育局湯志民局長認為這是讓學生自主學習的好契機，便邀請包括我在內的五、六位國小校長談一談，聽聽大家的看法。

局長強調，寒假作業由學生自己決定內容、決定分量，藉長假培養孩子自主學習的能力，即使什麼都不做也行，但是要說明做此決定的想法或理由。如果寒假能夠成功，擴展到暑假就大有機會。過去每次談到自主學習，老師常常反映進度、場地、資源種種困難，寒假少了這些羈絆，應該給學生為自己負責的機會。

與會的校長都覺得這樣似乎陳義過高，而且現在老師出的寒假作業多元又活潑，很少要求抄抄寫寫。局長認為，這樣仍然是「老師的規定」，不是孩子發自內心想做的。

校長們又提出一些擔心：長假漫漫，不加以規定，學生會無所事事；自主學習恐怕變成「家長作業」，家長不知如何幫助孩子，最後還是安親班在指導；自主學習對缺乏資源的弱勢家庭不公平……

「萬一，學生出的作業是『玩』，怎麼辦？」某位校長問。

「就給他玩吧，但是要說明為什麼決定玩。」局長接著說：「寒假結束後，老師可以舉辦分享會，讓學生說說自己怎麼規劃，有什麼收穫。」

局長下了結論：「人生很長，一個寒假都在玩又如何，關鍵是引導學生彼此觀摩，當他們看到很棒的案例，就會發現『原來可以這樣做啊！』」

回學校的路上，我不斷思索局長這一番話，也許是我們對「小學生是否有能力自主學習」缺乏信心，雖然理念誘人，但實際要怎麼做呢？

不久，我接到長官的電話，請我幫忙擬份說帖。

我想，是練功的機會了。

如果弄得好，不僅我服務的學校受益，還可以幫助其他學校推動。

第一步，先認識什麼是「自主學習」。不是放牛吃草，更不是自生自滅，若有實例更能讓人舉一反三。於是我用「大富翁」的形式，以十六格淺顯的圖文闡釋寒假自主學習的意義及做法。

說帖也示範各種不同的寒假主題，包括「新年快到了，我想好好整理房間」、「阿嬤賣菜好辛苦，我想幫她忙」、「我想練習圍棋，下學期比賽得好成績」、「我想拍關於流浪狗的微電影」等，讓學生瞭解關鍵在於「我想」，而且學習任務也不是「愈大愈好」，即使資源不充沛也做得到。

第二步，瞭解不同年級的學生，是否準備好拿回學習權了。長久以來，學生沒有學過如何當學習的主人，這需要暖身，否則突然放手，學生會接不住。

此外，學生很少傾聽內在的聲音，即使知道自己可以作主，也不知道自己要什麼。因此，幫助學生「聽見自己」是教學最重要的任務。

再來，學生也要學習記錄學習歷程與成果，這可以帶給學生「學習的意識感」，之後還可以和同儕分享。

因此，我和郁琦老師商量，打算找各年級大約十幾位學生拍支短片，把上面的想法用影片具體呈現出來。

影片拍了一個小時，學生有許多妙答。

問：聽說今年寒假學校不會規定寒假作業，你覺得如何？

答：太好了！很開心！可以放鬆！會玩瘋！沒複習的話我會變呆！怕閒閒沒事做！

問：如果沒有老師規定的作業，你想做什麼？

答：我想……做一些……嗯……遊戲吧！運動！做一頁功課就好！嗯……玩吧！嗯……出一些不要太難的題目來做……那個，看書吧！

問：如果你可以為自己出寒假作業，你想怎麼做？

答：出些簡單輕鬆的！運動！不要有作業！只要沒有閱讀測驗或是作文就好！嗯，不知道！出些簡單的，不用問爸媽的那種！畫圖吧！嗯，……做家事、練習樂器好了，總不能在家發呆吧！寫一篇作文，因為每個學生都要會作文啊！……

學生好像以為我們在「試探」他們，很努力擠出一些可以交代的答案！

我們暫停拍攝，提供大富翁上的作業案例，強調「一百分的作業」必須是：

1 自己想做的。
2 自己很想做的。
3 平常沒時間做的。
4 自己有能力完成的。
5 對自己有幫助的。
6 對別人有幫助的。

學生開始安靜的思考，三分鐘後學生的發表具體清晰多了，且態度變得相當篤定。

「我想幫媽媽做家事，因為她每天照顧弟弟，還要煮飯，太辛苦了。」
「我的數學成績不好，趁寒假複習，下學期考好一點。」
「我想看禪繞畫的書，然後完成一幅圖。」
「我想研究一種昆蟲，做出一份報告。」
「我平時只能在山路騎騎腳踏車，寒假時間比較多，我想要環島。」

「我想把平時練不起來的（扯鈴）三鈴或雙鈴電風扇練好。如果還是不會，就把動作錄下來，在線上問教練。」

……

最後，我們問：「開學後，你要怎麼和同學分享成果呢？」

有學生說要把過程拍照、錄影，也有人打算現場表演。想衝刺數學的說要帶寫完的複習卷過來展示；想畫畫的說要帶作品來；想研究昆蟲的說可以向同學介紹他的研究發現；想騎車環島的打算每天在起點和終點各拍一張照片，把照片貼在臺灣地圖上……

短短一小時，學生一開始「不清楚、不確定、沒想法」，透過引導、提供範例、等他一下，最後百花齊放，朵朵芬芳。證明即使是一年級的小學生，也有能力為自己規劃。

我們把這個歷程和方法介紹給老師，老師更厲害了，依照年級特性再精緻化，例如低年級老師請學生想想「如果遇到困難怎麼辦」；高年級老師還讓學生可以選擇「獨立完成」、「多人合作」或「家人共作」。

我也在教育局安排的政策說明會上介紹「大富翁說帖」及我們拍攝的影片「寒假作了

沒」，許多與會的教務主任表示，這讓他們更知道怎麼具體而微的推動。

放寒假了。

開學了。

班級迫不及待的辦理成果分享會，學校也揚棄提交前三名授獎的傳統，由學生票選出各班「最佳創意獎」（新奇獨特、富有創意）、「勤學努力獎」（複習功課、加強不足的、挑戰更難的）、「溫馨有品獎」（幫助別人、愛護動植物、孝親友愛）、「恆心毅力獎」（持續一段時間、克服困難）、「用心生活獎」（觀察自然、體會風土人情），和「特別推薦獎」（其他值得推薦的理由）。

欣賞學生自主學習的成果真是一大享受。

一年級的蘊儀喜歡泡溫泉，她用大張海報描繪臺灣地圖，標示五十五個知名溫泉位置，在她去過的四處貼上歡樂的照片。

宇涵親手編織了三十份幸運物，開學後送給同學。

二年級的亦佐想要「完成一個冒險」，氣象預報說有超級寒流來襲，她便和家人到新竹縣鎮西堡等雪，中途遭遇車子水箱結凍，有位好心老闆還挖雪煮熱水幫他們解圍。

三年級的陳曦喜歡閱讀，採訪了作家趙國瑞，以書面及影音記錄了她的報告。

馥亞製作了一本創意圖書，介紹圖書館裡有哪些寶藏。

四年級的美雅認真練習體操，不怕困難，挑戰高難度動作。

怡帆練習用部落格記錄自己和妹妹的生活。

五年級的彩真一直很想寫小說，今年寒假終於創作了一篇〈Q＆A宇宙之謎〉。

奕捷讀完《哈利波特》一到五集，用大張海報呈現各集的心得報告。

千芸花了七天做了一棟立體屋，連內部陳設都十分精緻。

瑜葳的爸爸住院開刀，在爸爸住院這段期間，她當個很稱職的愛心小護士，學會怎樣照顧、陪伴家人。

六年級的翊寧想為全家煮一頓晚餐，他擬定菜單、列出食材，照著食譜做菜，成功端出色香味俱全的四道菜。

詠議則搞笑的以「自己做飯自己吃」為題，發現肉得切小塊一點才容易熟。

經過統計，全校八百六十人有百分之七十一．九的學生寒假自主學習成果被評定為良好及優異；百分之二十三．二普通；只有百分之四．九未完成，整體表現相當出色。未完成的原因不一，主要是沒有從「學習」的角度出發，缺乏有意識的規劃學習目標和步驟，這些孩子需要額外幫助，但不到百分之五。

有位外籍學生往年很排斥學校的寒暑假作業，家長也同意小孩不用做，其實這多少造成親師生之間的摩擦。但實施自主學習以後，他竟然交了一本厚厚的、用中文寫的寒假遊記，讓大家印象格外深刻。我不禁想起局長說的：「取消限制，才能讓孩子有自由學習與發展的空間啊！」

27 國語在實驗什麼？

「自主學習」點燃了孩子的學習熱情，
他們可以在風和海的遊戲中學會調節風帆，
一哩一哩駛向浩瀚的大海。

二〇一六年八月，我轉任國語實小服務，「校名」很特別，是全國中小學唯一將領域科目名稱做為校名的學校，這是臺灣光復後，政府為了推廣國語教育、實驗新的教育法，而將原來的「臺北師範第三附小」改為「臺灣省國語推行委員會附設實驗小學」，後來更名為「臺北市國語實驗國民小學」。

從一九四六年成立以來，扛著「國語」和「實驗」的招牌，國語實小的老師一直兢兢業業，每一年的新進老師都會有資深老師輔導，打磨課文分析、精進教學技巧，因此教導出來的學生普遍底子扎實。這樣的教學風氣也帶動了內部整體的氛圍，成為一個教學與研究並重的學校。

無論是「說話直接教學」、「注音符號綜合教學」，或是「以閱讀為核心的混合教學」等，都影響了臺灣小學國語文教育數十年，也建立了學校的專業口碑，成為最熱門的公立小學之一。

做為承先啟後的校長，我必須瞭解過去的發展脈絡，並且思索要如何站在以往的高度再創高峰。

梳理的過程，發現學校面臨了三大挑戰：

1 《國家語言發展法》於二〇一八年十二月二十五日立法通過，隔年公布。所謂「國家語言」並非指定「官方語言」，而是指「臺灣各固有族群使用之自然語言及臺灣手語」，目的在保障面臨傳承危機的語言，改善母語消逝或斷層的危機。這意味著語言的多元與互相尊重，將成為時代的主流思維。

2 國家發展委員會提出「二〇三〇雙語國家政策發展藍圖」，各縣市政府也紛紛端出雙語政策，而學校只要掛上「雙語」，似乎便能在少子化的浪潮中吸引家長回流。除了私校早有多年實施經驗，公立學校也都在摸索各種可行性，在國際化的趨勢下，不論是否掛牌，英語教學的需求與日俱增。

3

「實驗教育三法」於二〇一四年公布後，其中《學校型態實驗教育實施條例》原本以私立學校為適用對象，增加人民教育選擇權；公立學校若想申請，以該條例「附則」並「準用」部分條文設置。而在此法之前就已經設置的實驗學校，除了依《師資培育法》設置的附小或附中，就是如國語實小在創校之初就以實驗精神設校。新法規定的學校人數很少，這是為什麼實驗學校規模都不大的原因。國語實小即使要以新法重新申請，學生人數也超過數倍。

簡言之，「國語實驗」四個字，既是光榮的印記，也將迎接時代的挑戰。

我又試著提出國語文教學的演進歷程，雖然階段的劃分比不上學術的嚴謹，但從歷程中足以找到國語實驗的下一步。

0.0 博聞強記階段，無招便是招

相信「熟讀唐詩三百首，不會作詩也會吟」，記誦為主、理解隨緣，可以說是此階段的寫照，在漫長的年歲之中，很多人都曾經歷過「不懂沒關係，先背起來以後自然會懂」的「教學法」。也有不少人讀著背著而有所得，甚至成為作家、學者，不過他們是高理解力的優讀者。

1.0 重視內容理解與習得

國民教育普及後，在歷次國家課程標準或課程綱要上，都明確揭櫫「國語科混合教學」是主要的語文教學法，國語實小與此教學法密不可分，雖然它是一種教學原則，施行並無一定的模式，不過實小的老師研發奠定了各階段的教學流程，從概覽課文、字詞教學、內容深究、形式深究，到賞析寫作，掌握了「先整體、再分析、再回到整體」的原則。

一九七八年起便出版多項教學研究、分析教材、錄製教學影片、辦理觀摩會等；即使到了現在，教科書開放後，各出版社的教學指引仍深受此教學法的影響。我認為，在臺灣的國語文教育推動上，國語實小絕對要記上大大的一筆。

2.0 重視方法的學習與操作

這與出版日益蓬勃、訊息量爆增有很大的關係，教學方法和策略變成顯學。例如，學生不只是書空學寫字，還要會找出組字規則用來學習更多的字；老師不只是問答教學，還要教學生怎樣提問、怎樣回答；寫摘要時，不只是填空完成大意，還要會刪除、歸納、找結構、評定大意寫得好不好；學生卡關不只要找答案訂正，還要會監控自己的學習困難、找出方法突破。

約從二〇〇七年公布前一年臺灣學生在 PIRLS 施測的表現後，閱讀理解策略教學開始風起雲湧。我因此特別向許育健教授和張純教授請益，如何把國語實小擅長的混合教學法，與閱讀理解策略結合在一起，並且在語文社群開始運作。

3.0 強調培養自學力

這是當今重要的課題。由於知識權的解放，讓課堂與真實世界產生了落差：一來，求知管道暢通，教科書早就非唯一渠道；其次，生活中各種文本的訊息表徵變得多元，眾聲喧譁且良莠不齊；再者，課堂學習目的多半在追求高分，而真正生活中學習的目的，經常是為了解決問題。

基於上述，以教科書為主的教學，雖然有「按部就班」的優點，但在二十一世紀也限制了更多的可能。我認為國語實小有責任開創出符合時代趨勢的國語文教學風貌，以「培養自學力」為主軸，讓這樣的理想能夠坐實。

從決定方向、如何開始，到實際運作，費時近一年。

這一年來，考慮過許多方式，例如，要不要使用國語教科書、從哪個年級開始、一次上路還是分階段實施……。構思時產生困惑，就諮詢專業領域的教授，我希望 3.0 的國語文實驗教學，是從學校內部的能量震盪激發出來的。

二〇一七年，我們行動了。

從高年級開始，約有二分之一的導師加入國語實驗教育行列，很快的，名額滿了。船隻上揚起了四面風帆，分別是「主題任務」、「跨域整合」、「合作學習」和「行動參與」，我們的團隊帶著冒險的勇氣，將要進行一場只有方向、沒有地圖的航行；我們要讓學生在風和海的遊戲中學習調節，不再是老師開著豪華郵輪搭載學生抵達目的地。

研究處安排每週二至三節的共同備課，不久，老師便駛出了兩條航線。

一條是還原經典。教科書裡有一些課文是改寫或節錄原文的，我們每學期挑選一則，讓學生讀原汁原味的文本。例如，課文是〈飢渴好火伴〉，我們就讀原小說《手斧男孩》

（*Hatchet*）；課文是〈火燒連環船〉，我們就讀《三國演義》；課文介紹〈宮崎駿的想像之泉〉，我們就學習分析宮崎駿的動畫；課文是張曼娟的〈棉花上的沉睡者〉，我們就讀該文的出處《黃魚聽雷》……

這樣的改變，不僅文本長度大幅增加，訊息表徵也非常多元，要動用到的理解機制變得複雜，也很難用固定的方法教或學。

以「三國」為例，雅倫老師讓學生選擇陣營，選好後必須以該陣營的角度閱讀《三國演義》，這讓學生意識到作者書寫時是帶著觀點的。學生為了強化自己陣營的主張，不斷更新手上的文本，從改寫版、簡略版，到後來有學生直接買原典來讀，也有人讀起《三國志》，以便三方攻防時不會因論證單薄而講不贏對方。

學期結束的發表會上，學生想討論「赤壁之戰」，老師讓「劉軍們」上臺寫下赤壁之戰時間線的關鍵詞，接著請其他兩軍表達正史與《三國演義》對這場戰役的描述有何差別？讓兩軍上臺圈出在羅貫中筆下赤壁之戰虛擬的情節與人物，再進一步討論：作者為何要這樣寫？……整個過程讓觀課來賓瞠目結舌，難以想像小學生竟能有這樣的水準！

另一條是**數位讀寫**。同樣從國語教科書中挑選適合的單元或課次，以議題探究或專題

任務的型態，讓學生自訂題目，進而透過小組合作完成任務。淑貞、必濃和宗怡三位老師初試啼聲之作，是從〈火星人，你好嗎？〉這一課發展的專題探究，學生自訂與火星相關的題目，三至四位同學聯盟合作完成報告。

在此過程中，學生經歷了決定題目、擬定架構、蒐集資料、判斷可信度、摘取重點、歸納整合，到撰寫報告及發表分享。每個階段都遇到許多問題，例如，題目訂得烏魯木齊、爭執火星大氣層成分哪筆資料才是對的、事實和想像傻傻分不清……；老師對火星的知識也很有限，但陪伴學生一路想方設法，到任務完成時，老師和學生都洗鍊了一回。

之後還有結合藝術鑑賞與口語表達的「話畫米勒」，任務是導覽一幅名畫；以國際移工為主軸的「新臺客報導」，是個重要卻懸缺的議題；還有從〈山村車輒寮〉瀰漫的鄉土情懷，衍生撰寫「漫步城南」導覽手冊……。後來我們舉辦的成果發表會，乾脆直接讓學生自己解說，開放給來賓問飽問滿；我們對學生有十足的信心，因為每個任務都是他們親身自主學習完成的！

很多專家、學者及參訪老師給了我們回饋，有來賓說：「這很像資優班的上課方式。」沒錯，我們在普通班實驗，證明大班教學也可以享有資優班的待遇。

也有來賓關心，「程度差的孩子跟得上嗎？」這是我在平時團隊共備時都會問的問題，老師也密切觀察弱讀者的狀況，給予必要的協助。雅倫老師回答這個提問時說了一句經典的話：「班上的諸葛亮還是諸葛亮，但阿斗變正常了。」

「自主學習」點燃了孩子的學習熱情，他們可以在風和海的遊戲中學會調節風帆，一哩一哩駛向浩瀚的大海。

「不要把嬰兒連同洗澡水一起倒掉。」面對時代的挑戰，我選擇守護學校的核心主軸，勇敢的翻轉策略方法。經過三年的投入，「國語實驗」這塊招牌，我們沒有辜負！

28 不一樣的書展

校園主題書展的目的，是讓學生可以閱讀「同一主題不同內容」的文本，以建立對該主題的概念或認識，甚至能有所比較評估、省思實踐，比較像「乘法」的閱讀。

「主題書展」在校園流行很多年了。從推廣的角度來看，這是學校圖書館「化被動為主動」的好方法，不但發揮圖書館的功能，也能吸引學生對該主題的注意。每個人難免有閱讀偏食的現象，不同的主題書展也幫助學生在圖書館刻意安排下，有機會接觸不同領域、不同類別的書。

由於我常有機會到許多學校圖書館參觀，發現不少做法是把同一主題的書籍或資料，陳列在規劃的空間內，加上有獎徵答、心得寫作或與作家有約之類的活動，就算完成了主題書展。這樣太可惜了。

學生雖然會因此增加閱讀該主題的書，但仍屬於單本單本的讀法，我暫且稱之為「加法」的閱讀。而校園主題書展的目的，是讓學生可以閱讀「同一主題不同內容」的文本，以建立對該主題的概念或認識，甚至能有所比較評估、省思實踐，比較像「乘法」的閱讀。

既然大家花了工夫找出與主題相關的書籍，如果僅僅是展示，而沒有引導讀者進行比較歸納、建立觀點，不是太可惜了嗎？如果還能透過書展，將圖資利用教育的元素放進來，豈不更好？

於是我提出了主題書展的兩大方向，一是圖資利用，一是比較閱讀，後來又再加上了實踐運用。

以士東國小「少年 PI 的奇幻之旅」主題書展為例。

團隊設計了幾區任務，有一區是關於「海上求生」的書籍，讓學生閱讀後回應：「如果你得在海上漂流很多天，只能帶五樣物品，你會帶什麼？為什麼？」這與科普閱讀有關，學生得先知道人生存的要件，也得知道海水是不能直接拿來喝的……。有一區則讓學生查閱百科全書或網站，找出電影中出現的動物，如老虎、紅毛猩猩、鬣狗、斑馬、狐獴、鯨魚等，牠們是草食、肉食，還是雜食？不但要學習查詢百科全書，還能進一步瞭解電影中呈現弱肉強食及食物鏈的意涵。

還有一區陳列了好幾本關於海上漂流的書籍，學生任選二本以上讀讀看，有什麼異同？有學生因此比較《魯賓遜漂流記》（*Robinson Crusoe*）和《少年PI的奇幻漂流》（*Life of Pi*）兩本書，發現這兩個故事的主角都有動物陪伴，只是「陪伴」少年PI的是老虎，隨時可能把他吃掉，但是都幫助主角紓解了寂寞孤獨的問題。

還有學生寫到，這兩本書都提到了宗教，人在無助時，信仰也很重要。也有學生發現，「魯賓遜不是一直『漂流』，他遇難後就漂到了小島，」學生說：「不像少年PI真的在茫茫大海中一漂二百二十七天！」

還有學生看了這區的「海漂小說」後，得到一個結論：「主角都是男的！」

咦？還真巧！會不會是因為這類故事的角色需要陽剛、有力氣的設定，所以主角清一色都是男生？我事後問一位出版社的朋友，「有女性海上漂流的故事嗎？」

「有，但是很少，而且還是為了打破性別印象才寫的呢！」朋友說，她服務的出版社就有出版一本。

學生的發現和回饋，真會促進我們教學相長啊！

主題的選擇也很重要，學校常結合節慶、時令、課程辦理主題書展，例如「端午節唸歌詩」、「昆蟲」、「女性科學家」等，不過我們還會留意重要的國際或社會話題，例如，二〇〇九年適逢達爾文（Charles Darwin）二百年誕辰，全球慶祝活動不斷，當時明德國小便規劃「跟著達爾文去旅行」書展，策展的老師甚至先到臺中自然科學博物館實地參訪學習，獲贈不少文宣資料。返校後的布展設計，除了有許多相關書籍，還有探險地圖、人類演化進程等文本。

每年九月底開始，黑面琵鷺就會分批從遙遠的北方陸續來到臺南七股曾文溪口濕地度冬，雖然我們在臺北，但黑面琵鷺冬季來訪不僅是臺南的盛事，也深受國內外生態保育研究人員關注。士東國小於二〇一四年底策劃「黑面琵鷺來了」書展，讓學生查圖鑑，認識臺灣冬天的嬌客，並向台江國家公園洽詢，獲得許多珍貴的書籍、手冊及圖片，文本的多樣也讓閱讀充滿挑戰的樂趣。

二〇一六年，《吹夢巨人》（*The BFG*）電影上映，這是改編自英國作家羅德・達爾（Roald Dahl）一九八二年創作的同名小說，國語實小便以「巨人的邀約」為主題，把傳說、故事、影片裡的巨人請到主題書展中，讓學生在有如巨人叢林般的圖書館，一口氣認識各式各樣的巨人。

由於主題多元，非常需要與不同專長的人合作。我記得某次辦理「歡喜過新年」的書展，其中有一區規劃「新年第一道曙光」，這與經緯度、海拔、地球自轉等有關，一下子難倒策展團隊；如果想省事，更換這區的任務就好了，但我們都認為，不要因為對這領域不熟就略過，於是又拉了自然領域的老師一起加入。最後，那區不但有文字說明，還擺設了一整排地球儀，讓學生實際動手操作呢！

主題書展的情境布置還能有加分效果。

明德國小在萬聖節前後舉辦「鬼屋讀鬼書」，圖書館的天花板滿是蜘蛛網和蝙蝠，空間用黑色塑膠袋圍成烏漆墨黑的迷宮。和「鬼、怪、妖、魔、精、靈」有關的書統統出籠，這些書散布在有小檯燈照明的小桌上，但陪伴你閱讀的可能是吸血鬼或牛魔王！學生反映，這樣閱讀就像冬天吃冰一樣刺激。學生也可能在某個夜光光的角落讀到《我不是討厭鬼》、《別當搗蛋鬼》，這才發現，原來「我們身邊都是鬼」！

國語實小的書展情境簡直是專業級的水準，每隔一段時間，志工就會配合主題書展將圖書館來個大變身。前面提到的「巨人的邀約」書展，入口服務臺前布置了一個張開大嘴的巨人，櫃檯服務師長就在巨人喉嚨裡。不論是「傳說中的巨人」、「童話裡的巨人」、「電影裡的巨人」，還是「我也是巨人」，都有不可思議的巨型道具，光臨書展的師生來賓無不瞠目結舌。

配合二〇一七年臺北世大運而規劃的「運動，熊讚」書展，圖書館大變身，有如縮小的復刻版運動場。「小小孔明，預見氣象」書展，圖書館還真出現了「孔明借東風，火燒連環船」的經典場景……，可說任務還沒開始，就先抓住學生的眼球了。

說到學生的任務，在一節四十分鐘的課程中，我希望任務簡單說明清楚後，就讓學生去展區探索。過多的導覽，反而會限制學生的思考，如果學生遇到問題，老師都在現場隨時可協助。

從二〇一二年至今，參與規劃的主題書展不下數十場，以主題結合圖書、圖表、影音等各式各樣的訊息，設計閱讀線索，包裝有趣的任務，帶領學生穿針引線，享受發現、分析及比較的閱讀樂趣，進一步融入其他領域，延伸學習的觸角，並提供實踐的場域。每次策劃團隊都費盡心思，志工們更是讓主題書展的品質連升三級！

二〇一六年，主題書展的方案獲得香港陳一心基金會圖書館實踐獎，我和碧芳主任應邀赴合肥交流；士東國小和國語實小也都摘下全國閱讀磐石學校大獎，有深度的主題書展功不可沒。

最有意思的是，有次演講時一位老師問我：「請問校長，學生參加主題書展表現優異或完成任務的，會給獎品嗎？」

這絕對是內行人問的問題。這位老師鐵定思考過獎品的意義。

「不給。因為精心策劃的書展本身就是個大禮物，閱讀中發現的樂趣更甚於外在的獎品；如果給獎，似乎暗示著『無趣才要靠獎品吸引』。」我回答。

我可是對咱們的主題書展充滿信心！

29 打開教室說亮話

不論教育理想如何，最後都要落實到教學層面才能算數，
不然就只能是個美麗的口號。
而促進教師成長的途徑很多，
打開教室無疑是直接、普及又有效的做法。

二〇一九年底，我因走太快又不看路，意外上演一場華麗的仆街，造成左膝髕骨骨折，開刀住院了三天。出院隔天就帶著上了全腿石膏的左腳一起上班，出入以輪椅代步。適逢美伶與巧薇兩位老師即將公開授課，她們都是前一年的新進教師，經過一年多教學輔導老師的陪伴，如今雙雙以藝術（美勞）領域展開全校性公開授課。

美勞教室在地下室，有一大段階梯，且沒有電梯可搭乘，國語實小地小人稠，也沒有可以替代的教學空間。我本想一階一階抓著把手慢慢下樓，但大家都嚇壞了，怕我不小心

滾下樓二度受傷。

不久，研究處詩玉主任來找我，說：「校長，有轎夫要扛您下樓喔！」

「轎夫？」我想像被扛下樓的畫面，連忙搖頭：「那我更緊張。」

時間到了，四位「轎夫」出現在樓梯口，「轎子」是由學生椅和童軍棍組成，任老師和三位體育老師分列兩側，陣仗好大。

任老師是童軍專家負責發號報數，另外三位體育老師的步伐跟著指令一致邁開。我伸直石膏腿、坐在椅子上，穩穩的，一點也不晃，沿途看到這一幕的老師都笑岔了。

連續觀課兩節，精神特好但腰好痠，因為膝蓋無法彎曲，加上空間有限，我只能側著身體伏案寫觀課筆記。兩位老師的教學節奏、活動設計、引導語及學生反應，都讓我相當陶醉；看看四周觀課的老師，也和我一樣專注的觀察學生如何操作、討論、發表。

直到授課結束，再「乘轎」回到一樓召開議課會議，授課者和觀課者誠懇的分享、互動，彼此大有成長。

說到教學觀摩或公開授課，二者相同之處，就是打開教室，讓其他人也可以進到課堂觀察教與學如何進行。

我剛任教職時，擔任教學觀摩的只有兩種人，一種是PRO級的老師，通常是有特殊任務，如外賓參訪；一種是剛畢業或初來乍到的老師，學校多少帶著檢核教學本事的意味。

隨著時代的進步，教師專業、同儕視導、共學成長等觀念愈來愈普及，加上許多名人級的老師主動公開自己的課堂接受點評，讓打開教室逐漸成為一種專業自信的表現。

雖然校長對一所學校的重要性不言而喻，但對家長來說，孩子遇見怎樣的老師，遠比校長是誰更為重要。從每年暑假編班，家長有多麼期盼孩子能抽到上上籤，就可印證「教師」才是家長的真愛。

事實上，不論教育理想如何，最後都要落實到教學層面才能算數，不然就只能是個美麗的口號；而校長的任務也更加清晰了，校長要致力於提升課堂教學品質、帶動教師專業成長，其重要性絕不亞於行政領導。

而促進教師成長的途徑很多，打開教室無疑是直接、普及又有效的做法。

但打開教室並不是容易的事，畢竟上課時有其他人在教室看著，說沒有壓力是騙人的，老師面對的是活跳跳的學生，準備再充分，現場仍有各種無法預期的狀況會發生。

雖然有一些安定老師的話語，像是：「用平常心就好，平常怎麼教就怎麼教。」「大家看的是學生的表現，不是看老師。」但這樣的安慰效果有限，就像你知道有客人要來家裡，總是會收拾一下，不會那麼「平常心」；而學生課堂的表現和老師教學安排有高度相關，看學生，等於「婉轉的」在看老師。

但也有老師告訴我，他喜歡公開授課，因為，「學生看到有別的老師在，表現得比平常更專心。」老師笑著說：「素來調皮搗蛋者也懂得收斂，上起課來更順暢呢！」

在某次研討會上，聽見有位老師這樣說：「比起校長巡堂，我覺得公開授課對老師更公平。因為你不知道校長什麼時候會經過，而任何人都不可能每個時刻處在優良狀態，不如請校長入班，好好觀一節完整的課，更接近日常教學的真實。」老師繼續說：「觀課後，也請校長給予具體的回饋。」

老師們對公開授課的各種見解，提醒我兩件事：

1 安全互信的校園氛圍，是公開授課的前提。

2 如果無法帶給授課老師收穫，就別浪費大家生命。

我特別喜歡國語實小「學群」的設計，採用最小單位的同儕教練規模。學群大多是三位教師一群，有時因為員額配置也會二人或四人一群。學群須為「同學年」或「同領域」成員，整個學年度期間，成員不會變更。

學群基本任務就是共同研討一份教學設計，邀請另外二位學伴入班觀課、並在觀課後研議，這和後來提倡公開授課「備、觀、議」三部曲不謀而合。

「最小單位」的運作方式展現了許多優點。人數少，不論共備共觀共議的時間都很容易協調。成員穩定，容易建立信任感，老師對於「學伴入班」幾乎沒有壓力。如果有其他非學群的老師也想進班觀課，只要徵得授課教師同意即可。

由於三位都是同學年或同領域的教師，備觀議的過程對任何一位教師都別具意義；且共同撰寫一份教案，負擔相對減輕許多。

第一位老師授課時，學群另外二位教師來觀課，並提供實質的建議，調整教案；第二位老師用修改後的教案授課，另外二位教師入班觀察學生學習效果，再提出建議……；一直到每位老師都授完課，教學也磨得相當細膩精緻了。

老師們常常告訴我：「校長，我們這份教案已經是第四版了。」「我們三個班教學過程有些不同，當學生的反應出不來時，曾老師的做法是改成小組討論，而我的做法是提示部分線索……」

真棒啊！我想，這才是公開授課真正的目的吧！

擔任校長雖然事務繁忙，不過只要時間允許，我就會參與學群的公開授課。當然，我並不是學群的成員，「校長入班」會不會帶給老師壓力呢？

我猜多少會。但奇妙的是，多數學群覺得校長花整節課入班、又留下來討論，是重視教學的表現。並且，如果真能帶給老師具體的收穫，不是說些空泛的場面話，或雞同鴨講的建議，那麼校長的存在是加分的，要做到這樣，校長要維持課堂臨床的火候與對教學趨勢的敏銳。

十二年國教新課綱上路後，明訂校長及教師都要公開授課，有時也會聽見「校長不排課，為何還要公開授課」的聲音，但是我認為不值得討論，因為新課綱規定一學年只要「一次」公開授課。

一年才上一節，且有助共學文化的形成，CP值高啊！

有趣的是，也有校長教學上癮了，時不時借班級上課，我倒覺得過猶不及。因為學習的主角是學生，教學的關鍵是教師，校長不須成為授課明星，推動教師同儕共學的文化才是校長重要的任務，您說呢？

30 何不幽工地一默

逆向思考，透過跨領域主題課程，
把「礙眼」轉換成「悅目」，把「忍受」轉換成「享受」，
透過浪漫與聯想兩大力量，將藝術的元素注入工地，
讓學生學習發現價值、創造價值，進而享受價值。

我們被工地包圍了。

國語實小位處臺北捷運萬大線「植物園站」施工線上，二〇一五年拆除活動中心，並與捷運共構綜合大樓，依據規劃，大樓二〇二〇年完工，捷運二〇二二年完工。由於施工期長，工地緊貼校舍，工地圍繞學校二分之一邊界，意味著我們不但被工地包圍，而且還會被包圍很多年。

砰砰砰、嘎嘎嘎、嘰嘰嘰、叩叩叩……，施工聲不絕於耳，地面樓板有時還會隨著打

椿的節奏震動。

關窗戶、開電扇、開冷氣，工程車的柴油味陣陣飄來，施工揚起的粉塵叫人難受。

更別說，原本狹小的校地又少了活動中心，空間壓力升到最高點；雙向道的南海路變成單行道，一千七百多名學生上下學超級不方便。

雖然安全措施、品質管理、進度掌控，這些涉及工程專業的部分，施工和監造單位都積極把關；大家也理解交通建設是重大政策，共構大樓更是帶給學校新希望，不敢奢望「無痛工程」，但師生身處被工地包圍的校區，身心確實難以安頓。

學校對面的國立歷史博物館同樣位處「搖滾區」，在某次拜會中，副館長提到：「你們可以忍受每天進出看到的是這樣的景觀嗎？」

我愣了一下，心想：「工地不就是這樣嗎？」

副館長說：「國外有很好的例子，藝術可以介入的。」

我好奇又心動，希望能進一步瞭解。在副館長的引薦下，二〇一七年九月某個假日，特別專程拜訪剛回臺的藝術家蔡爾平，請教如何讓「工程黑暗期」不那麼黑暗！

藝術家告訴我，浪漫與聯想是文明進步的力量。美國德州巨大的鑽油機矗立在田野中，多年來動作姿態未曾改變，兩端上下起伏、像翹翹板似的擺動，被當地人比喻成「點頭的驢子」，老師也會對小學生講這類的童話故事。藝術家讓我看了許多劇場和藝術設計照片，懇談兩個小時後，還驅車到學校看工地樣貌。我們遙望工地裡大小機械的運作，工人頂著安全帽在工地穿梭，揮汗如雨，在藝術家的眼裡，這不只是工地。

這次的請益，給了我很大的啟示，我們應該喚起學生關照這個切身的議題，於是和學校團隊展開了一連串課程實踐，名之為：何不幽工地一默。

確實，大型工程往往伴隨噪音、震動、粉塵、危險，施工期間總被喻為「黑暗期」，冰冷的工程圍籬保護了師生的安全，也阻隔了師生的想像，除了「盡量忍耐」與「保持距離」，我們似乎可以做些什麼，幫助我們安頓身心，降低工程期間帶來的紛亂躁動。

常見的工地美化，多半採用兩種方式：一是吊掛盆栽，以綠籬方式美化牆面；二是彩繪圍籬，在圍牆上構圖繪畫，降低冷硬感受。不過，這兩種做法背後是以「遮醜掩瑕」為概念，抱著「眼不見為淨」的態度，缺乏對工地的想像與尊敬，難以在紛亂中保持藝術的情趣與幽默感。

正視現象也要能凝視美麗。

「何不幽工地一默」是一種逆向思考，透過跨領域主題課程，把「凝眼」轉換成「悅目」，把「忍受」轉換成「享受」，透過浪漫與聯想兩大力量，將藝術的元素注入工地，讓學生學習發現價值、創造價值，進而享受價值。

有趣的事情開始發生了。

當年度我們的主題書展配合以「建築有樂園」為主軸，規劃建築快車、故事城堡、城市迷宮、虛擬實境、瘋狂建築師等學習區，讓學生瞭解建築的功能與特色，認識國內外重要建築師及其作品，從而推估建築師應具備哪些能力；此外還閱讀童話或故事裡各式各樣的房子，讓學生重組元素，提出「我的創意房子」；再回到現實情境，安排監造的專業人員和學生面對面，更進一步瞭解工程點滴及未來的藍圖；最後，每個班還以事先蒐集的大小紙箱，合作蓋一棟「紙房子」呢！

現在，我們的學生對建築已經具有基本概念，也對緊鄰學校的工地有所凝視與想望。

第二波推出了「機具變變變」的全校徵畫活動。

總務處偕同工地主任，拍攝了工地各種機具的運作短片，讓學生有機會仔細觀看。除了常見的吊車、挖土機，還有許多沒見過的機具，有的用來切割、有的用來吊掛，有的為了鑽孔，有的為了清洗路面……，吸引了孩子的目光。

美創社建偉老師也透過影片指導全校學生「加減乘除發想趣」，運用增加功能（加）、減少功能（減）、更多功能再進化（乘），以及去除結構再重整（除），賦予工地機具創意與想像。

這項活動有四百多位學生投稿，學生們認真思考，畫下自己的創意，把工地機具變成各式各樣有趣的東西。同樣是吊車，有人想像成一隻恐龍，有的想像成長頸鹿；同樣是挖土機，有的化身為大象，有的把輪圈畫成鋼琴鍵盤。水泥預拌車成了冰淇淋製造機，起重機成了邊鞦韆，有些機具成了變形金剛……

學生的作品，經由美創社建偉和怡婷兩位老師的重製，組成了一幅長九十公尺、高三公尺的巨型大圖，輸出張掛在南海路的施工圍籬上，成為名副其實的「機具遊樂園」！

對於工地，學生已不再望之生厭。

成果發表時，學生說：「我們好好的認識了這位陪伴我們很長時間的鄰居。奇妙的是本來我們很討厭這個『惡鄰居』，經過了這些活動後，我們對它產生了一些情感，經過工地時，會多看機具兩眼；和家人經過工地時，還可以介紹一下現在工程在做什麼，我們好像慢慢接受並欣賞這個鄰居了。」

精神上雖然藉由浪漫的想像安頓了身心，然而，工地的景觀依舊故我。我們希望從學生諸多創意中找出可行的點子，協商施工單位將它付諸實現。

如果可以把高聳的吊車頂彩繪成長頸鹿的花紋……

如果可以在黃色巨型水泥槽上做個「杯緣小物」……

如果可以在防撞筒加個笑臉和眼睛……

如果可以在地面 3D 彩繪……

如果可以把紐澤西護欄畫成長長的毛毛蟲或盛大的拔河隊伍……

協商會議上，所有的想法都被打槍。工地管理和道路安全委員會期期以為不可，因為，「行經工地最重要的就是安全，我們希望路過的人車快速通過，不要分心，更不要流連。」施工一方說。

工地安全至上，的確不是我們想怎樣就能怎樣。

「更何況，有些機具會隨著工程進度退場，像吊車，再三個月就不會出現了。」施工一方補充。

協商，是整個歷程最具挑戰的一環。協商不是強迫對方接受我們的看法，也不是仗著學生身分進行情緒勒索，最終目的，是要邀請相關單位「共同」解決問題，過程中希望雙方觀點能被理解，找到交集，突破問題。

隔行如隔山，工程的種種考量言之有理，我們感到沮喪。但是協商等於開啟相互理解的大門，有機會表達我方心聲，又能傾聽對方立場。

果然，施工方幫我們找到可以兼顧安全和藝術的方法，同意我們在紐澤西護欄的內側彩繪，也就是行人走路的這一面。

原因是，騎車開車的用路人看不到這一側，不會讓人分心；而走路的行人則可以一邊走一邊欣賞，不至於有安全疑慮。

紐澤西護欄有多長呢？

從校門出去左轉，一直到和平西路口，整整有一百個泥鑄的護欄。我們美創社的師生以「實小幸福號」捷運車廂為發想，合力將百個護欄彩繪成五十節車廂，一節節的車廂中，乘載著外星人、單眼人、動物、童話主角等，捷運車體設計更是每節都不同。

這個課程計畫獲得臺北市第一屆「小公民養成術」特優，抱回二十萬圓夢獎金，讓夢想得以實現。本來充滿「工地風」的南海路上，如今，一側是「機具遊樂園」的巨圖，一側是綿延的實小幸福號捷運車廂，走在這條路上，腳步都輕盈了起來。

現在，我們可以說：「親愛的，我們被藝術和幽默包圍了。」

第六章 試煉與挑戰

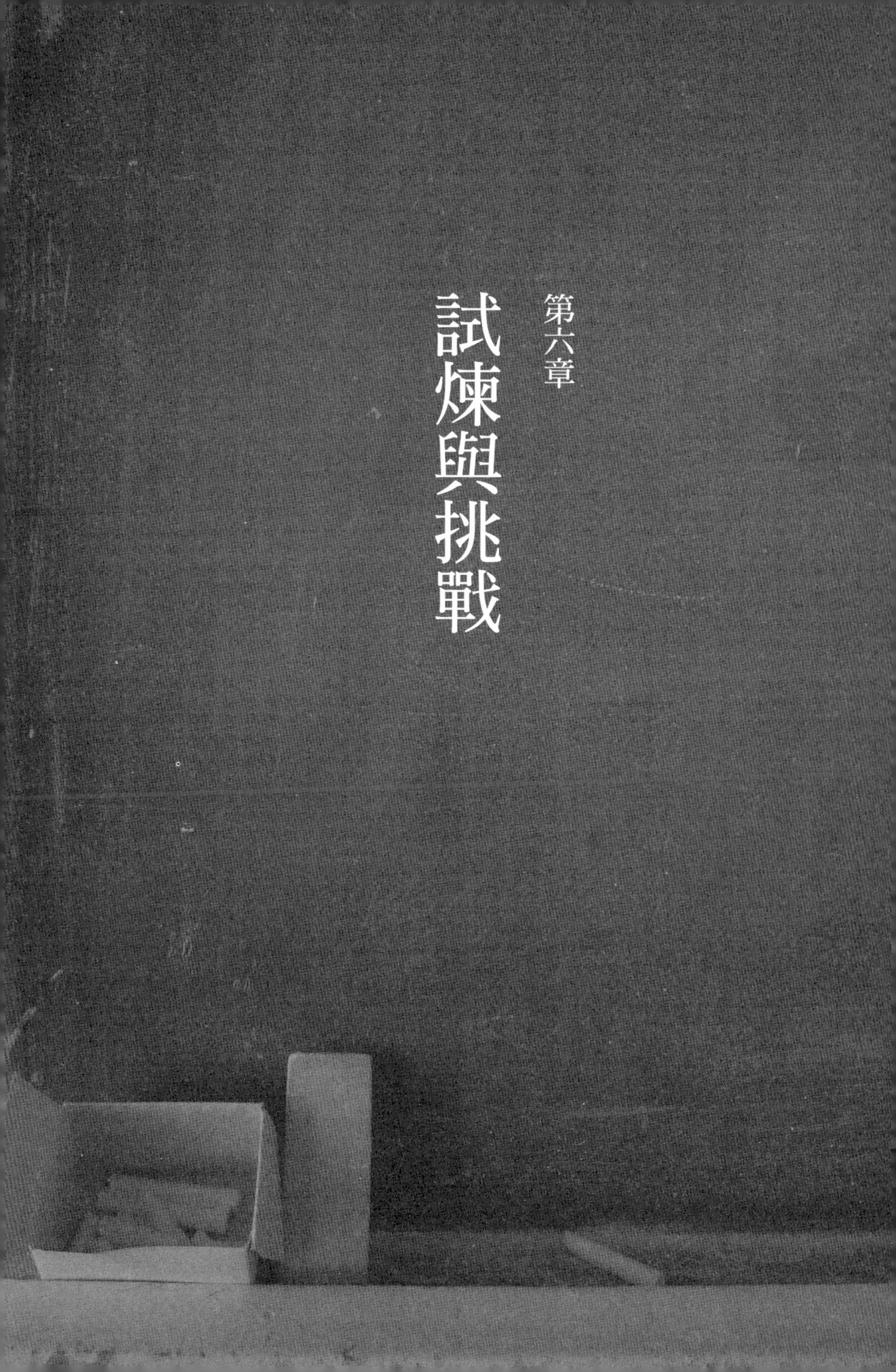

31 一九九九吃到飽

選擇「繞遠路」溝通的家長，
不僅對學校沒信心，也對自己的想法缺乏自信。
如果願意到校和老師談一談，許多疑惑都能迎刃而解。

一｜九｜九｜九。

這是西元年代、低強度的密碼，還是誘使消費的定價？

不，一九九九是個動詞，常見的句型是：「我們被一九九九了。」

一九九九，客訴也。

一九九九的內容五花八門：

家長客訴班級導師，在班級群組上傳多張學生搓湯圓的活動照片，偏偏沒有她孩子的鏡頭，質疑老師刻意忽視她的孩子。

家長客訴剛接新班的老師，縱容班級代表在班親會提議製作班服，不加以制止。學校已經有制服了，為何多此一舉，浪費金錢。

鄰居客訴學校，每天早上廣播擾人清夢，上夜班的他白天需要補眠。

家長客訴午餐廠商，沒有清除隨餐供應水果上的小標籤，萬一孩子吃下去怎麼辦？

社區客訴家長，放學後帶小孩在公園土丘爬上爬下，土丘上的草皮一直長不好，家長在一旁也不管。

學校收到這些客訴內容後，接著就會調查求證，在規定期限內將處理情形回覆給教育局，以便教育局覆核後再回覆給陳情民眾。

有時候，學校確實有疏漏或處置不周之處，這時最重要的是客觀陳述、公平處理，表達如何改正或彌補疏失。

有時候，客訴的事情無關對錯，而是角度問題。有次家長客訴的內容是，老師說他孩子長高，體育長褲太短了，要他去買新的；家長認為小孩再半年就要畢業了，為什麼還要為難家長呢？

經過瞭解，老師其實是好意，學生升上高年級身形抽高，褲子太短以致腳踝以上露出大半截，十二月天冷更顯得單薄，才會對學生說換一件長褲吧！

向老師求證的過程，只見老師時而氣憤難平，時而沮喪灰心，覺得好心沒好報，關心學生卻被家長向教育局告狀。

回覆信件的眉眉角角也很多，措辭用語不能有情緒語言，要能堅守教師的尊嚴，又要同理對方的感受，最重要的是能解決問題，並且從中找到原因，減少這類問題再發生。

總之，處理一九九九的心力成本很高，不是單純的回回信就好。

曾有位家長投訴學校期中考自然試卷題目出得不好，導致他兒子有一題被扣分。申訴內容提到，自己在科技大廠擔任高階主管，對題目這樣敘述很不以為然。

題目是：「下列哪一個物品不適合用來當做自製單擺的擺錘？一、金屬片；二、錢幣；三、棉花；四、螺帽」。

答案是三，學生答二。

這位家長表示，錢幣有很多種，虛擬錢幣也是錢幣，這題答二或三都應該給分。信中並不斷強調自己不是為了分數，不在乎孩子考試成績，而是題目實在不夠專業，他是為了

追求真理！（遠目）

還遇過有位爸爸投訴一年級導師。

第一次客訴：「小孩都快讀完一年級了，但是注音符號都還不會，現在的老師是不是沒在教啊？」

學校回覆：「敬愛的家長，……一年級每班老師都有注音符號教學，有任何問題或困難，歡迎和學校聯繫。」

第二次客訴：「……我的小孩智商很高，幼兒園心算檢定過好幾級了，現在我叫他從ㄅㄆㄇ開始背，竟然背不完三十七個注音符號，學校到底是怎麼教的。」

學校回覆：「敬愛的家長，……您可以考考他唸讀、拼讀……，現在注音符號教學強調學習要有意義，不用背整張注音符號表喔！有任何建議，歡迎和學校聯繫。」

第三次、第四次……，沒完沒了的來信，其實我們早就看出是哪位家長，且小孩的注音符號評量表現很不錯，不知道家長真正糾結的點是什麼；但一九九九的設計不允許我們知道對方身分，我們只好一方面假裝不知情，一方面請導師「自然而然」的與家長懇談，並關心學生的家庭適應狀況。

這些選擇「繞遠路」溝通的家長，不僅對學校沒信心，也對自己的想法缺乏自信。如

1999

果願意到校和老師談一談，許多疑惑都能迎刃而解。

最奇妙的，是把一九九九當做「報復專線」，要是與誰結怨或看誰不順眼，就一人分飾多角，開始雪片般的「毀人不倦」，遇到這種情形，只好安慰團隊：「把奧客當筆友吧！」

基本上，這種「筆友」可能被怨恨沖昏了頭，邏輯不會太好，內容經常跳針，閱讀時比較累，常須動用理解策略先讀懂意思，但回信時只要「認真的敷衍」，容易多了。

一九九九原本的構想是市民當家的重要表徵，讓民眾可以用最便捷的方式反映市政，展現偉大城市對民眾的重視。只是沒想到，實施以來意外增加了兩個沒想到的「功能」：一是鍛鍊行政人員文筆，二是培養不會解決問題的巨嬰。

這究竟是制度的問題，還是人民素質的問題呢？

也許有一天，ＡＩ可以解決這些問題，分析來電或來信的語料，區辨客訴和濫訴，分流常人和怪獸，讓一九九九可以真正成為市民當家的偉大象徵！

32 鈴鈴鈴，誰來電

歹徒常利用學生上學不久後打電話給家長，謊稱小孩被綁架要求贖金，家長想打電話到學校求證卻全都占線，當然這也是詐騙集團計畫的一部分，家長要冷靜，設法與學校取得聯繫。

電話聲響起，我接起電話：「○○國小，您好。」

「請問校長在嗎？」

「我是。請問您是……」

「我們這裡是自產自銷的茶農，請問您有喝茶的習慣嗎？」電話那端的推銷員不等回答，繼續遊說：「我們賣的是冠軍茶，可以先寄茶包給您試喝，喜歡再買。」

「我這裡茶葉很多，喝不完。」我說。

對方仍有耐性的說：「自己喝或送禮都很好，校長您朋友應該很多吧，送我們的茶葉絕不失禮，」接著又說：「我們這裡是災區，幫幫小農吧⋯⋯」

時不時就會有像這樣的電話打來，最常接到的是推銷茶葉、牛蒡茶和香菇。如果沒有在第一時間拒絕，就會產生所謂的「腳在門檻內效應」，有如推銷員趁客戶打開門之際，先把一隻腳伸進門內擋著，爭取門還沒關的那一點時間介紹產品。一旦開始介紹，心軟的客戶常會因此「多少買一點」。

許多校長都接過這類的電話，新聞曾報導有不肖歹徒冒充小農，透過寄送試喝茶包當幌子，取得個資再進行詐騙，這讓校長們更加防範。不少校長交流時還提及，接過好幾次不同報社的記者來電，問有沒有什麼特色活動想報導，話鋒一轉要學校贊助小額經費，慶賀報社週年慶。這些金額都不大，但的確帶來了困擾。

我遇過最傷神的推銷案例，反而不是來自電話行銷，而是退休後的前輩來電約時間，然後登門拜訪，遊說學校購買上萬元的套書，或是為某家廠商說項。退休前輩對學校行政熟門熟路，非常瞭解學校的運作機制，也知道有哪些容易動用的預算款項，我想打個「太極拳」糊弄過去都難。幸好這種情形十分罕見，而我們心中自有一把尺，只好費些時間虛與委蛇一番，讓前輩知難而退。

從網購盛行之後，電話或登門行銷的事情就少很多了。

跟著降溫的還有一事。

有段時間，歹徒常利用學生上學不久後打電話給家長，謊稱小孩被綁架要求贖金，家長想打電話到學校求證卻全都占線，當然這也是詐騙集團計畫的一部分，讓家長更加慌亂。儘管媒體不斷宣導這些是詐騙手法，但遇事關己則亂，家長經常飽受驚嚇，倒楣的還會痛失錢財。在我服務期間，也曾發生幾起這類詐騙案例，幸好家長冷靜，設法與學校取得聯繫，最後只是虛驚一場。

後來因政府推出數位學生證，家長可以透過孩子刷卡簡訊得知出入校園的時間；加上其後通訊軟體大為普及，求證的管道很多，詐騙集團想用塞爆學校電話的方式作案，已經愈來愈不容易啦！

最可惡的是恐嚇電話。

有通電話打來校長室，劈頭問：「你們校長在嗎？」

由於語氣不太尋常，我直覺有所防衛，答：「請問您哪裡找？」

「我是她哥哥啦！你叫她聽一下電話。」對方說。

哥哥？我腦袋迅速掃描記憶庫裡的堂哥、表哥，沒有這號哥哥的印象。

我接著說：「校長去校園巡視，不在辦公室，您要不要留個電話，我再請校長回電？」

「要多久回來？」對方語氣愈來愈江湖了，他說：「不然校長手機號碼給我，我直接和她聯絡。」

「我不確定校長的時間，也不方便提供校長電話給您。」我說。

「那你是誰？」對方開始不耐煩。

我宣稱自己是在校長室工作的職員，對方停個一、兩秒後說等一下再打來。

大約十分鐘後，對方又打來了，同樣的話再問一遍，最後終於翻臉，噴了一連串髒話後，說：「兄弟我跑路啦！#$%&*……你和校長說，準備好三十萬，不然有什麼後果自己等著看！」

我向警局報案，警方說，最近也接獲過類似案件，校園威脅恐嚇事件是歹徒詐騙手法的變種伎倆，歹徒挑選學校下手，是想利用學校基於保護學生，付款機率高的心理。

恐嚇事件多少影響了心理情緒，我們抱著「寧可信其有」的態度嚴陣以待，過了好一陣子才逐漸恢復正常心情。

鈴鈴鈴，電話響了，這次又會是誰來電呢？

33 有關係就沒關係？

民意代表和學校的關係非常微妙，
一方面互為需要，一方面也互為制衡。
但總不要失了本業，重關係而輕教育。

公共關係是校務經營不可忽略的一環，校務運作要順暢，遇到危機能否化險為夷，若有良好的公共關係總能事半功倍。

俗話說：「有關係就沒關係，沒關係就找關係。」「關係」在華人文化仍然緊密維繫人與人之間的連結。

和民意代表的關係，則是公共關係中最微妙的一環。

不知道是不是從小看電影長大，總覺得開口閉口就說：「我和某位官員很熟。」「某位民意代表是我麻吉。」是一件很「膨風」的事，而且動不動就抬出別人名號，也顯得沒自信，所以骨子裡刻意淡化和政治人物的距離；當了校長之後，發現自己和民意代表建立良好關係的能力實在太薄弱。

我在教務主任代理校長期間有個非常白目的經驗。

某位民意代表傳真書面陳情到校，要我們附設幼兒園在學期中塞入一位由他園轉入的幼生，並且依限回覆辦理情形。我回電表示有困難，幼兒園每個班都額滿了，無法收轉入生；接電話的助理說，這位幼生是議員的親戚，學校想想辦法吧！

我心慌意亂，不知怎麼辦才好，請教了一位政商人脈不錯的家長，他馬上幫忙聯繫另一位輩分高的議員，拜託他和同僚議員說一聲……。過兩天，我就被通知到議員辦公室了，而且情勢不妙。

資深的楊主任見我緊張不安，便陪我走一趟。

果不其然，議員見面就數落我一番，辦公室裡還有那位陳情的家長。楊主任一面笑臉對議員致意，一面在話題中穿插當兵的往事，發現兩人是前後期，拉近了距離。

我大約被唸了半小時後，事情終於結束，而且那位本來要把小孩轉到我校的家長也打消念頭了；如果不是楊主任，可能沒辦法這麼順利。

但我的頭腦一片混亂與不解，楊主任幫我做了很好的檢討：

1 這只是「選民服務」，我把它想得太嚴重了。（O. S. 不是親戚嗎？）

2 民意代表會說「我好友、我親戚」，是希望得到學校的重視，成功機率才會高。（O. S. 可是學校有困難啊！）

3 學校有困難只要好好說，議員最後也會諒解。（O. S. 我有好好說！）

4 一次不成，要說三次，讓議員知道我們已經想盡辦法，他才能向選民回覆，有所交代。（O. S. 另一位議員不是幫忙解釋了嗎？）

5 千萬別找其他議員攪進來，這是此事最大的錯誤，也是議員不悅的原因。

楊主任的分析讓我茅塞頓開，我這才瞭解，應該設法站在議員角度，找出可以回應選民期待的方法，能不能辦妥不是重點，而是要讓選民感受到議員服務選民的用心與能力，這才是關鍵。

而我一開始亂找關係更是一大敗筆，等於告訴選民「這位比那位更有力」，莫名攪亂了一池春水。

這堂意外的公關課，在我後來的校長生涯發揮了很大的作用。

陳情：「民眾希望能編到甲老師班上……」

回覆：「現在編班方式很難做到，我來向民眾說明議員很關心此事，不論編到哪一班，我都會和老師打個招呼……」

陳情：「民眾希望能抽中附幼……」

回覆：「現在採電腦公開抽籤，我來與民眾聯繫，瞭解孩子有沒有提前入園的資格，也會提醒民眾不要錯過登記時間……」

陳情：「民眾有報考學校某職缺，希望多關照……」

回覆：「現在甄試都採委員合議制，我來與民眾聯繫，鼓勵民眾好好準備應試……」

不用靠關係，但回覆內容更搔到癢處，我們事後還會再撥個電話給民眾關心一下，不論陳情事項是否如願了。

但也不是每個案件都這麼單純，複雜的案件處理起來如履薄冰、步步驚心。

某天收到一則研議「併校」的開會通知，原來鄰校家長在某個活動場合向民意代表反映：孩子的學校校地太小了，建議併校擴大校地。

對方想併入的，就是我服務的學校。

民意代表於是召開會議，與會者除了兩校校長、家長會，還有關心本案的兩校家長。我校的家長覺得會議似有預設立場，併校議題牽動敏感神經，氣氛劍拔弩張。

輪到我表達意見時，我從面積、人數、校史、兩校合作現況提出報告，議員聽完後一字一字的說：「林校長的報告聽起來很客氣，不過內容並不客氣！」

一句話引發會場的鼓譟，有些人甚至作勢捲起袖子。

會議最後以「蒐集意見再行評估」作結，但據說當天傍晚在鄰校校門集結了人馬，準備「用我們的方法解決」。幸好理性的人居多，沒有引發更大的衝突，但此事也讓我開了眼界，處理敏感議題要再三謹慎。

有次還遇到某位地方人士主張要在學校蓋地下停車場，找了民意代表出面協調，並召開公聽會。

停車場興建與否應評估供需、效益、對師生的影響、出入動線等，家長會佳霖副會長向與會者說明全校家長問卷調查結果，並公布鄰近停車場及路邊停車位狀況，以及本案對學童安全、教學、社團活動的影響；我則以簡報呈現興建停車場後對校門口交通及學童安全的衝擊。

最後議員做出結論：公聽會現場百分之九十八以上反對興建，故本案暫停。日後若重提此案，應有鄰近學區相關里民連署達法定人數，且過程公開透明，始得再提議研商。

看似告一段落了，但之後我們不斷收到檢舉工程、檢舉設施的信件。唔！不怕不怕，我們都知道這是怎麼回事！

這類案件讓我有個心得：事件發生初期，我會對「沒關係」感到焦慮，因為民意代表受民眾所託來處理事情，在立場上似乎比較偏向民眾，會質疑我們不是辦不到，而是不想辦。不過經過一而再、再而三的來回協商，誠懇且客觀的處理，態度不卑不亢也不要急躁，那麼即使「沒關係」也真的沒關係。

舉這些例子可能會讓人誤會民意代表很難搞，事實上，民意代表對公共事務本來就有監督職權，而且學校受惠於民意代表的地方更多，舉凡跨單位的協調、資源的引進、政策的討論、弱勢家庭的關懷等，都讓學校更好做事。

民意代表和學校的關係確實非常微妙，一方面互為需要，一方面因學生家長就是選民，也互為制衡。彼此如何互動還有許多可以學習的地方，但總不要失了本業，重關係而輕教育，萬一被私下稱為「公關校長」，那可不是褒揚，而是揶揄啊！

34 迷思

孩子無從選擇父母，
萬一生在功能不彰的家庭，學校要成為孩子的希望，
直到他慢慢擁有改變自己命運的力量。

緯緯五年級。

一年前全家搬到樹林租屋，爸爸、媽媽賣水果做生意，媽媽每天早上帶著緯緯搭最早的公車到國語實小上學。

半年前媽媽中風，爸爸要照顧媽媽，改成晚上擺攤賣水果，緯緯自己搭清晨六點半的公車上學。

緯緯在公車上常搭著搭著就睡過站了，老師等不到學生，著急得與家長聯繫，接著，緯緯再搭車回學校，這時通常已經是九點以後了。

睡過站的事情經常發生，老師也應對的愈來愈熟練，知道要直接與該路線公車所屬的客運公司聯繫。

剛開始緯緯也會緊張得設法趕回學校，但幾次之後，發現外面的世界繽紛有趣，有時乾脆搭過站，去外面逛一逛再回學校，到校時間愈來愈晚，有時中午才被學校尋獲。

爸爸每次得知緯緯的行徑就暴打一頓，學校不得不通報，學務處麗君主任協同該里里長家訪關切，提醒爸爸換個方式管教。

但這都是治標的方法，小孩孤身千里迢迢上學，睡眠不足、易受誘惑，我們建議爸爸最好能讓孩子在學區的學校就讀。

爸爸瞪大眼睛，說：「我們家三代都讀國語實小，他的姑姑、叔叔也都是這裡畢業的，我們辛辛苦苦就是要讓他讀明星學校。」

接著又說：「我自己比較沒出息啦，可是他叔叔當醫生，姑姑在銀行上班，我們就是要培養小孩，才讓他讀名校啊！」

「爸爸的確很關心緯緯的教育，可是住家離這裡太遠了，小孩一個人那麼早搭車，就算是大人，每天這樣長途通勤也吃不消……」我說。

接著，學校提出兩個建議方案：

1 如果有親戚住在學校附近，可否協調讓緯緯平日住這裡，假日再回樹林。

2 我們打聽到離住家最近的學校，口碑很不錯，我們願意去拜訪那所學校，請師長多關照緯緯。

爸爸提到他因為和緯緯的阿公鬧翻才搬出去，因為房子是阿公的，現在自己再怎麼辛苦也不願意向阿公開口。

至於轉到學區附近的學校就讀，爸爸倏的起身，目光黯淡，說：「我知道啦，有錢、有勢才可以讀這裡，我沒出息就不能讀你們學校嗎？」

咯噹！

玻璃心碎了一地。

爸爸想歪了。

我急忙安慰他：「不是這個意思，我們是在討論哪一種方式對緯緯最好，這個孩子我們很喜歡。」

爸爸重新坐下。我接著說：「我們再努力看看，觀察一段時間。爸爸要讓緯緯早點睡覺，平常多找時間和他聊聊，回家以後不要打他……」

看起來，緯緯的家庭功能太低，家長又迷信明星學校，此時如果強迫轉學，造成一家人產生「被歧視感」，那比不轉學更糟。

由於緯緯功課嚴重落後，學習沒成就讓他更不愛上學，學校師長於是不停改變策略：學務處為他設了上學報到鼓勵制度；導師幫他找朋友、調整課業；連小田園指導老師也伸手支援，拉他一同採收、自己動手煎蔥蛋請老師吃。大家的目的只有一個：「讓孩子更有動力重返校園！」

直到畢業，這孩子出差錯的狀況只剩零星次數，他帶著學校師長的關愛和爸媽糊里糊塗的愛，也堂堂正正的畢業了。

家長應該是學校教育的合夥人，但這位合夥人卻經常因不同因素缺席。

有一對唸四年級的雙胞胎兄弟，爸爸是臺商，長期不在家，一直以來，哥哥各項成績都略勝弟弟一籌，媽媽因而有了分別心。

對待哥哥頗多稱讚，眼神也流露出為人母的驕傲；講到弟弟口氣就十分鄙棄，算命仙說哥哥是來還債的，弟弟則是來討債的，從小要壓制不然會出問題。媽媽對照孩子的表現，對算命結果深信不疑。

100

孩子低年級時狀況尚不嚴重，漸漸長大後，弟弟個性明顯畏縮，經常稱病請假，媽媽認為弟弟表現不理想，讓她無法向先生交代，因而對「討債鬼」一說更加確信。

根本之道是改變家長的觀念，但困難可想而知。學校不僅要輔導孩子，也要輔導家長，安排各種資源幫助這個家庭，導師同時創造各種機會，喚起弟弟學習的自信。

就這樣進三步、退兩步的撐著；進時不敢得意，退時不敢灰心。

家長心狠起來，也讓人匪夷所思。

某天傍晚接到一位民眾來電：「我們在巷子裡看到一個只穿內褲的孩子，問他住哪裡、家長電話等都不說，也不知道發生了什麼事，只說是讀你們學校一年某班，姓名是○○○，你們可以查一下嗎？」

我們請民眾先把孩子送到最近的警察局，一查果真是我們學校的學生，馬上設法聯繫家長，才知道爸爸剛剛因細故大發脾氣，把小孩衣服剝光剩件內褲趕出家門，小孩沿著馬路不知走了多久。

學校一面通報校安，一面和警察局聯繫後續處理事宜。

過了一段時間，這個孩子被送回家了，卻從家裡打電話到學校，顫顫巍巍的聲音說道：

「我爸爸很生氣，現在要去學校找校長和老師算帳……」

原來爸爸被警方嚴正關切，警告此舉觸法，爸爸認為學校誣陷他，他只是罰一下小孩，就被警方列案，愈想愈氣要到學校興師問罪，小孩得知趕緊偷偷打電話通知我們……

多令人心疼的孩子啊！

這個故事好長，爸爸迷信嚴管、嚴教，把小孩當私產，處置毫無分寸，但在社工和警方面前又總是說得頭頭是道。

由於爸爸對學校「多管閒事」心生不滿，趁事情還沒鬧大之前轉學了。殊不知我們還是聯繫了下一所學校，除了移交紀錄，也把這家庭需要特別留意的地方交接下去。

約一年半載之後，我們在新聞媒體上看到有關這個家庭的報導：

有熱心民眾發現一名男童，在大雨中獨自站在山區產業道路，全身溼透、不斷大哭，於是趕緊報警。員警調查得知，原來男童在車上搗蛋，爸爸氣得將男童「丟包」趕下車，想要嚇一嚇小孩……

雖然報導沒有指名道姓，但從馬賽克處理的照片和這樣的行徑，我們很快認出就是當年那對父子，孩子就讀的學校想必也展開一連串的因應措施了。

不論家長是迷信名校、迷信術士之言、或迷信嚴厲恫嚇的管教，這些功能不彰的家庭，都一直在抵銷學校教育的努力。現場老師接觸到的奇特家長比我多更多。

孩子無從選擇父母，萬一生在這樣的家庭，若能改變觀念最佳，如果改變不了家長，學校也要成為孩子的希望，努力撐到孩子再大一點，直到他慢慢擁有改變自己命運的力量。

35 和解與告別

教學過程中，教師要是覺得疲倦、遇到問題，不必全扛在肩上自己解決，適時對外求助，或暫時從管教情境離開，改變處理方法，結果就可能不一樣。

呂老師是一位認真負責又受到學生喜愛的老師。

我們共事期間，他擔任過行政組長及科任教師，是那種「交給他就放心」的老師。幾年後，因為父親逐漸年邁，他想返鄉服務就近陪伴老父，於是申請調校。

過程很順利，以他的積分順利選到距離老家頗近的學校。依照現行制度，該校將召開教評會審查，資格符合就可以完成調校程序。

沒多久，呂老師就接到該校人事室來電，提及十年前的一件往事：當時事件的主角就是呂老師，因為涉及不當管教，上了媒體，加上民意代表介入處理，整起事件在新聞版面盤旋了好幾天。

「我們學校的教評會可能會討論這件事。」該校人事室人員的語氣，透露著他們對呂老師的戒心。

我得知此事後一臉問號，這已經是十年前的事了，當時呂老師也為此事付出慘痛代價，最重要的是，十年來呂老師兢兢業業，不僅備課認真，教學有一套，對待學生的方式也更加圓融幽默。總之，任何人都無法想像呂老師會和「不適任」三個字連在一起。

當然，這也不能怪那所學校，畢竟他們的訊息只從新聞搜尋得來，既過時又片面，絕對不是全貌。

我撥了電話給該校校長，先表達絕對尊重教評會的決議，但希望讓學校知道這麼多年來呂老師真實的一面再做評估，比較客觀公正。

電話那頭的校長似乎有些焦慮，欲言又止，他一再強調：「我們學校很容易被告，我每天都在作戰⋯⋯」

我解讀校長的意思是：「學校狀況很多，想勸呂老師不要給自己找麻煩。」

我向呂老師分析此事，通過的機率大概五五波吧，要在短時間讓陌生對象化解疑慮不是件簡單的事。

呂老師說：「我以為事情都過去十年了，原來當時的陰影仍然跟著我。」故作淡定的他掩不住沮喪的神情。

如果不出席教評會，直接放棄這個遷調的機會，那麼等於心虛；但若選擇出席，則可能在該校教評會被「公審」，且陳年傷口也可能被挖出來。

呂老師最後決定出席，他認為自己這十年來教學這麼努力，應該要勇敢舉證，說服該校的教評會。

我和幾位同事一則鼓勵，二則表達學校的心意：「退一萬步來說，假如真的沒通過，還是回來我們身邊，大家張開雙手歡迎你。」我說。

教評會結束後，沒有馬上公布會議結果。

「最高十分，你給自己現場表現打幾分？」呂老師回學校後，我問。

「應該有八分，」呂老師說：「現場有一位委員主問主攻，其他好幾位委員對我的報告與回答不時點頭、微笑，看起來很友善。」

呂老師又說：「校長，我已經不在意通過與否，因為在準備以及答詢的過程，我有和自己好好對話，這是最大的收穫。」

我沉思了一會兒，向呂老師提出一個大膽的建議。

「我們辦個教師座談會吧！針對『正向管教』這個議題，請你和與會老師談談：如果有機會回到從前，在情緒爆發當下你會怎麼做？面對學生層出不窮的狀況，你會給老師們什麼建議，避免一失手成千古恨？」

我說：「如果你願意，我會找輔導室一同策劃這場活動，發公文給全市各校，也發新聞稿邀請媒體採訪，把跌跤的血淚化為教訓，給後來的老師一盞明燈。不論下一站在哪裡服務，你才能真正走出陰霾。」

呂老師也在沉思，我接著說：「不要擔心媒體，從哪裡跌倒，就從哪裡站起來。當然，你必須很勇敢，因為這是拿解剖刀劃開自己的傷口。」

我凝視著呂老師。

「好好考慮，一週內給我答覆。」

不用一週。

隔天，呂老師就回覆了：「好的，我願意！」

不久，我們舉辦了教師正向管教座談會，邀請了心理師、法律人士和呂老師共同與談，分別從教師的壓力與調適、兒童權利公約等面向深入研討，吸引多位校內外教師參加。

呂老師以自己十年前發生的不當管教事件提出反省，認為當下若能做到轉念、暫時離開以及尋求支援，就不會發生憾事。同時，他在這十年間學會調整追求完美、過於嚴謹的個性，課堂上放下權威，與學生交心，培養幽默感，成為學生的良師益友。

與會的專家學者也提醒老師們，教學過程中，教師要是覺得疲倦、遇到問題，不必全扛在肩上自己解決，應該要適時對外求助，或暫時從管教情境離開，改變處理方法，結果就可能不一樣。

現場許多與會者聽著聽著不禁紅了眼眶，發言踴躍，也寫下許多彼此勉勵的話。

一位校內老師這樣寫著：

> 原本一直有種忿忿不平的感覺，因為似乎愈用心、愈勤教嚴管的老師，愈會出事；而那些只會討好學生卻不夠盡心的老師，反而平安無事。
>
> 但聽完呂老師的分享，真覺得自己的層次太低了！雖然認真的老師比較容易被學生影響或牽動，但我們更該學習管理自己的情緒，更專業的處理學生行為。
>
> 感謝校長的承擔與和解的眼界，此事不是發生在校長任內，且校長馬上就要退休了，

竟然還願意花這份心思，為學校撫平當年創傷造成的傷口，讓我們學習與自己和解，從此不再害怕這個諱莫如深的話題！

另一位校外老師這樣回饋：

雖然我是校外人士，仍很感動學校重視老師的氛圍。呂老師這十年的心路歷程，真的令人動容。我也不禁反思，自己是否對學生有過權利不對等的不當管教。雖然老師也會有情緒，不過我們是成熟的人，的確要有更好的處理方式。

呂老師呢？調校結局功虧一簣，陌生人終究難以理解或相信十年來的彌補與努力。不過座談會隔天，呂老師傳了簡訊給關心的同事們：「昨天晚上我睡得很沉，醒來後，我發現終於可以和十年前的事件告別了！」

第七章 深夜小學堂

36 鬧鬼

校園鬼故事從沒停止過，這些鬧鬼趣談成了一屆一屆相傳的耳語，大家一起嚇過、鬧過、唬過、哭過、笑過，學校因此有了共同的另類記憶，代代校友擁有專屬自己學校的鬼。

如果哪個學校完全沒有鬼故事，那真的是，太蒼白了。

學校一定要鬧鬼。

我一直到當了校長才明白為什麼。

小學附幼的小小孩難得走進小學區，這一天為了歡送畢業生，需要大一點的場地，於是借用校史室。

一九二五年創校的這所小學，跨越了日治和民國時期，校史室兩旁懸掛了歷任校長的肖像，最吸引人注意的是兩位日治時期校長的照片。他們兩位都穿著立領西裝，其中一位胸前別著兩枚徽章，還留了八字鬍，鬍鬚兩端平整的往外延伸，尾端又細又長，一看就知道不是「現在的人」。

照片年代久遠，翻拍後有如隔層毛玻璃，但時光的印記卻一絲不落的留了下來。

幼兒園的孩子們在老師的帶領下，魚貫走進這間充滿歷史氣味的空間。他們好奇的張望四周，有別於校園的色彩繽紛，這裡是沉靜的古堡。很快的，許多孩子注意到牆上一整排的照片了。

「她還沒死，」一個小孩先指著我的照片，再指著我大叫：「她在這邊。」

其他小孩循著他的指示，看看照片再看看我，先是吃驚再恍然大悟般的此起彼落喊著：「她是校長，她不會死！」「有些死了，有些沒死。」「那些人是誰？」

孩子們的童言童語讓大家啼笑皆非，老師忙著蹲下身來要孩子說話有禮貌。哈哈，現在該我說了。

孩子們，沒錯，那張照片上的人就是我，我沒死；照片裡的人都在這裡當過校長，很多校長都很健康，他們有的退休了，有的到別的學校當校長；當然，有幾位校長比你們阿公的阿公還老，他們到天上當神仙了。

孩子們似懂非懂，他們不太明白這些人如果好好的，為什麼要弄這麼大張的照片，像祠堂裡的祖先照一樣高高掛。

倒是，他們反過來告訴我更多關於照片的事。

「每天晚上，這些照片的人會走出來。」

誰告訴你們的？

「我哥說的。他哥哥也知道。」

「學校二樓有很多照片，晚上會飛來飛去。」

「不是人飛，是照片在飛。」

怎麼飛呢？

「繞圈圈啊！這樣才不會互相撞到。」

一直繞圈圈，會不會頭暈？

「頭暈了就飛回去牆壁上休息啊！」

那麼，我問：「我也會飛嗎？」

「不會，因為你還沒死。」

繞了一圈，還是死不死的問題。好吧，最後我問：「你們害怕嗎？」

「不怕，我姊姊說，他們不會飛到外面。」孩子們說。

這真是可愛版的校園靈異故事。

而後，在每所服務學校聽到孩子們流傳的校園鬼故事，想像力並不輸聊齋。有的學校還保有泥塑動物模型，像是大象、斑馬、老虎、獅子、長頸鹿等，由於年久失修，缺鼻、少耳、斷腳、身軀脫皮斑駁，比不上鮮豔的遊樂玩具好玩，幾乎已經被晾在一角，乏人問津。

但鬼故事讓牠們復活了。

半夜十二點一到，這些動物會舒展四肢，一隻隻開始在操場奔跑，牠們跑得很快，身上的「傷勢」一點也不影響速度，風馳電掣，昂首四顧，一般人看不見，一直到東方既白，牠們才回到原來的位置，假裝從沒有離開過。

這可說是我聽過最佛系的校園靈異故事。

最普遍的，是聽說當年校舍興建時，工人曾經挖出骨骸，而這些骨骸的幽魂至今仍在校園徘徊，每所學校不乏這樣的傳說。

有些學生玩球，球不小心飛到某個方向，卻怎麼找也找不到，最後常歸因打擾到在該處休息的幽魂，球跑到另一個異次元時空了。

夜歸的人從校園經過，有時會聽到裡面傳來哭聲，嗚嗚咽咽，讓人毛骨悚然。據說樹叢最常聽到哭聲，甚至鬼影幢幢，不過只有夜晚才會出沒。孩子們深信陽光普照時幽魂就會退散，因此白天大樹下仍是他們的最佳遊戲場所。

廁所也是「靈異聖地」，蹲在廁間，環堵蕭然，上方空虛，下方虛空，一個人隻身在內總會平添許多想像。不只一位學生對我說過，他上廁所時明明聽到隔壁間有人說話，但出來後發現整間廁所只有他一人。也有人繪聲繪影，說廁所反鎖表示裡面有人，但卻遲遲等不到人出來，嚇得他大不出來。

靈異故事由校園延展到校外，有次畢業旅行晚上，幾位女孩梨花帶雨哭著衝出住宿的小木屋，堅稱她們看到「白白的東西」飄來飄去。事實是，一人表示看到，一位聽同學說了也好像有看到，另兩位沒看到但被嚇到，最後我們只好以更換房間解決問題。

許多老師雖然不太相信鬼故事，但也絕對禁止學生玩碟仙之類的遊戲，以免無意間招惹了陰間使者。

回想從小到大我就讀過的學校，校園鬼故事從沒停止過。鬼故事難登大雅之堂，充其量只是校園茶餘飯後流傳的話題。但奇妙的是，這些鬧鬼趣談成了一屆一屆學生相傳的耳語，大家一起嚇過、鬧過、唬過、哭過、笑過，學校因此有了共同的另類記憶，代代校友擁有專屬自己學校的鬼。

我常想，如果哪個學校完全沒有鬼故事，那真的是，太蒼白了。

37 此燈亮有人

夜晚，學校萬籟俱寂，喧囂不再。

漆黑的校園似乎有一股魔力，讓來訪的人心靜、放空，

然後找到與自己和解的方法。

燈亮，像是一種昭告。燈亮，也是一種召喚。

學校隔幾條街上有家蔥油餅店，店名不知是什麼，倒是因為門口有塊招牌燈寫著「此燈亮有餅」幾個大字，反而成為這家店的暱稱。

不知從什麼時候開始，夜裡的校長室也有了「此燈亮有人」之稱，源自於我開始加班，最高峰大約是二〇一一年，此後便成為常態。

起初是因為兩個兒子接連升上國中，時常留校晚自習，等待接兒子的空檔讓我可以留在學校做點事。後來兒子漸漸長大，加上學校實在太過忙碌，二〇一一年在明德國小任內

時「數案齊發」，校務評鑑、成立幼兒園、經費三千萬的優質化工程，加上和香港老師同課異教等重磅任務，事情忙不完，而且我需要有沉澱思考的時間，這在白天簡直是奢望。

夜晚，學校萬籟俱寂，喧囂不再。校長室的燈整夜整夜亮著，路過校園的人慢慢都知道：此燈亮有人。

燈亮，像是一種昭告。

某晚有位同事突然來電，她正在安慰因婚姻訴訟處於低潮的朋友。「剛剛經過學校，看您辦公室的燈亮著，我帶這位朋友過去，請校長幫她開導開導好嗎？」同事問。

某夜，一位媽媽進到學校庭院，隔著窗戶呼喚我。「校長校長，方便打擾一下嗎？」我趕緊繞過去打開鐵捲門，這位媽媽帶著剛剛情緒失控的孩子一起來，看得出母子互動有點尷尬。「不好意思，我只是需要喘口氣，知道校長還在，就來學校散散步。」媽媽說。我懂她所說的「散步」，是希望我和孩子說說話。

另一次，實習老師發現男友劈腿，哭得快斷氣，晚上九點多打電話到校長室，抽抽搭搭的說：「校長，我可以去找您聊聊嗎？我覺得好丟臉，想罵人。」

「來吧，我在。」我說。

漆黑的校園似乎有一股魔力，讓來訪的人心靜、放空，然後找到與自己和解的方法。

燈亮，也是一種召喚。

我到士東國小任職以後，「此燈亮有人」的標誌更為明顯。校長室位處二樓，臨著中山北路六段大馬路邊，T字紅綠燈路口的車輛待轉區，整棟黑黝黝的建築物只有校長室明晃晃的，非常醒目。最常聽同事、家長和朋友對我說：「昨天晚上路過學校，你的辦公室燈還亮著。」

慢慢的，我有了「夜間部同學」。

郁琦老師家教結束後，最常來電：「想吃乾麵、滷味，還是鹽酥雞？」我們常常一邊吃東西一邊交換工作構想，許多好點子都是那時候醞釀出來的。

會計主任的辦公室在我隔壁，有伴以後她也常加入「夜間部」的陣容。「此燈亮有人」的範圍有時擴展到三、四間辦公室。

大考推甄或教師甄試的旺季，校長室簡直是「生意興隆」。同事的小孩、朋友的朋友、同學的同學，常約了到這裡沙盤推演、模擬面試或埋首K書。

熱情的家長路過看見燈亮，深怕我晚上加班餓著，三天兩頭就有人帶著點心過來，乳酪蛋糕、綠豆蒟蒻、蚵仔麵線、越南河粉……等各式美食不一而足，「交貨」就離開，讓我幾乎足不出校也能嚐遍天母地區私房小吃。

細膩的家長即使沒路過也惦記著。哪天家裡晚餐煮得格外豐盛，還會裝個便當專程送過來；有時試探的問道：「帶兩個便當一起吃好嗎？吃完我順便把便當盒帶回家洗。」

二〇一六年七月三十一日週日，那是我在士東國小任內的最後一天。

晚上將校長室打理完畢後，準備熄燈回家。

要關燈了，突然很好奇從外面看「此燈亮有人」的畫面到底是什麼模樣，忍不住下樓從外面往校長室拍了幾張照片。

只見靜謐矗立在中山北路排面的力行樓上，二樓校長室的燈火如橫空出世般一方通明，原來，是這樣啊！

兒子對我如此「享受加班」的心態頗不以為然。他們認為加班是缺乏工作效率、慣老闆的表現，更是沒有生活品質的極致，早該拋棄這種舊思維。

到國語實小任職以後，我的加班頻率漸漸減少了，倒不是因為聽從兒子「勸告」，而是學校鄰近捷運施工工地，旁邊除了建國中學，沒有商圈或住家，不是典型的社區型學校。到了晚上，黑壓壓的四周，誰也不知道是否藏著不懷好意的眼睛。

若要加班，我也盡量趕在一牆之隔的建中晚自習下課前、還有「人氣」時倉皇離開。加班變成趕班，「樂趣」大大降低。

另一個原因是我的資訊功力大增，遠端、雲端的連線處理優游自若，在家也可以工作，不再需要沒日沒夜留校加班。

然而，每當我想起那段「此燈亮有人」的瘋狂加班歲月，心中卻有無比懷念。

38 折返跑的貓

某種自然的聲響、科學的現象，
常常在加上黑夜的浸潤和頭腦的劇場後，
演變成自己嚇自己的劇碼。
你不知道的校園風情，黯黑、驚奇，考驗你的膽量和理智。

我不是膽大的人，只是看起來膽子很大。

有一年暑假，學校校舍進行結構補強工程，把原來的柱子體積擴大，要打掉原本包覆的水泥，將計算過足量的鋼筋補植進去，再封版灌漿，以便提高耐震係數。

這下，得拆掉窗戶、拆掉門扇，所有靠牆的櫥櫃物品線路統統往空間中央聚攏。開始施工後，該棟樓所有教室和辦公室有如被炸彈掃過的廢墟，我們灰頭土臉的盡力騰出一隅將就著辦公。

由於無窗無門，學校等於門戶洞開，財產安全難以保障，承包廠商於是聘請一位夜間保全駐校，定時巡視。

入夜以後，奇異的事情來了。

只見保全伯伯一手持掃把，一手拿手電筒，邊巡校園邊拿掃把向前揮動，嘴裡似乎唸著咒語，最後一個音「吽」特別大聲（讀作「轟」），惹得校狗小白跑上前去，對著保全伯伯叫個不停。

一人一帚一狗。

一咒一揮一吠。

我看得驚奇，問他這麼做有何涵義。

保全伯伯睜大眼睛看著我，他說：「校長，你不知道學校裡有很多『那個』嗎？每間學校都有啊！」

然後，保全伯伯壓低聲音說：「現在是農曆七月，白天學生多陽氣重，晚上『他們』就會出來了。我先用掃把揮一揮，才不會失禮撞到。」

原來如此。

保全伯伯說完準備離去，但又忍不住回過頭來問我：「校長，整間學校都沒人，那麼晚了你不怕喔？」

「不會啦！你那麼專業，我放心。」我笑著說。

看起來膽大包天的我，其實也禁不起嚇。

有一段時間，小兒子國中課輔結束後，會到校長室和我會合，我工作，他溫書。

但那天特別古怪。

夜幕低垂後，我們母子倆一如往常在辦公室各忙各的。可我老覺得哪裡不對勁，但也說不上來；不久，我的眼角餘光發現了那個不尋常。

在校長室正對面，距離約一百公尺處有另一棟教室，外牆裝了一座戶外投光燈，具有人體感應功能，只要有人經過，燈就會大亮。

此時，燈亮了。

我心想，也許是野貓經過，這是常有的事。

幾秒鐘過後，燈滅了。

又幾秒鐘後，燈又亮了。

這表示，如果讓燈亮的是野貓，那隻貓在折返跑嗎？

如果不是貓，那又是什麼？

兒子和我臉色大變，第一時間從座位上跳起來鎖緊校長室的門，隔著窗戶繼續為那盞燈計時，亮五秒，熄八秒，再亮五秒、熄八秒……

我們對看一眼，寒毛直豎。外面風呼呼吹著，中庭的大樹葉子沙沙作響，天這麼黑，風這麼大，全校只有我們倆。

我拿起電話打給保全公司，十分鐘後保全人員抵達，我的膽子又變大了，跟在強壯的保全先生後面描述剛剛的詭異狀況，一起走到現場查看。

原來，那棟樓地下室的教室冷氣放學後忘了關，主機排出的熱氣上騰，讓投光燈受感應亮了，設定時間一到又熄滅，一再反覆，完全錯怪了野貓。呼！

像這樣的事件沒少遇過。

士東國小每週一、三、五晚上有補校課程，教室在校長室的樓上。晚上常常傳來桌椅移動、學生走動的聲音，聽久也習慣了。

補校九點就下課了，我常常忙著做事，不知不覺待到晚上十點多。但，頭頂上卻又傳來高跟鞋或皮鞋走路的聲音；如果更晚一點，連馬路都安靜下來了，還會聽到彈珠在天花板跳動的答答聲。

有一次，放在校長室角落的飲水機突然自動噴出蒸氣，陣陣白煙從管線ㄘㄘ冒出，嚇了我一大跳。仔細一看，機上的水溫顯示螢幕數字通通變成零，讓我冷汗直流。

轉任國語實小後，也有好幾次在晚上聽到踩腳踏車的鍊條聲，四下無人的時候那聲音特別清晰。

遇到這種情形，我這色厲內荏的軟腳蝦，也只能假裝處變不驚。

後來上網查資料，才知道很多人都聽過天花板的彈珠聲，土木工程技師認為這是水分滲進樓板造成鋼筋生鏽、體積膨脹，包覆的混凝土被撐開破裂，才會產生大大小小有如彈珠跳動的聲音。

總務主任也告訴我，飲水機在設定時間會自動殺菌，殺菌過程有時會從接水盒或背面冒出蒸氣，「這是正常現象。」主任說。

累積了這麼多校園深夜「驚」驗，我愈來愈相信每件事一定找得到科學解釋。某種自然的聲響、科學的現象，常常在加上黑夜的浸潤和頭腦的劇場後，演變成自己嚇自己的劇碼，真相揭曉後常讓人啞然失笑。

這是你不知道的校園風情，黯黑、驚奇，考驗你的膽量和理智。

39 意外的訪客

晚上十點多，一個人的身影繞著操場跑，
天是漆黑的，跑道是空蕩的，人是隻身的。
「孤獨是華麗的自負。」我喜歡他的自負。

在學校待得夠晚、夠久，慢慢就會摸出校園呼吸的節奏。

「呷飽未？」「媳婦腹肚幾個月啦？」阿公阿嬤的寒暄聲，伴隨新移民用母語熱切的聊天聲。我知道晚上七點了，每週一、三、五，夜補校上課兩小時。這群「大」學生跟著老師一字一句的誦讀課文，琅琅書聲迴盪校園，夜裡分外清晰。

沒多久，一樓穿堂傳來金屬環叮鈴叮鈴的聲音，間或有擊掌跺腳的哼哈聲。那一定是七點半了，兩位男子固定時間在穿堂氣勢威武的比劃春秋大刀，過程約莫一小時。

操場那頭的活動中心燈火通明，羽球場地供不應求，各個團體已經從年頭租借到年尾。

雖然和校長室相隔有段距離，但打球殺到熱烈時，連球鞋和地板摩擦的嘰嘰聲都聽得到。一直到晚上九點，在保全催促下，大家才背著球袋意猶未盡離開校園。整棟活動中心熄燈，明天再會。

九點一刻，垃圾車來了，停在校外不遠的路邊，街上出現短暫的騷動，家戶男女老幼或拎或提，出清家裡多餘的長物；垃圾車發出轟轟的低吟聲，大口大口的吞噬一包包的垃圾。整個過程有如快閃，十分鐘後垃圾車駛離，再度恢復了平靜。

偌大的操場有位夜跑的民眾，總是晚上十點多到校，一個人的身影繞著操場跑，天是漆黑的，跑道是空蕩的，人是隻身的。「很享受吧！」我猜。以前曾看過一句話：「孤獨是華麗的自負。」我喜歡他的自負。

夜更深了。

如果十一點我還沒打算離校，這時得打個電話通知保全公司，不然我所在的校園這一區被偵測到無法進行設定，馬上就會有保全人員到校清查狀況。

保全先生會打開樓梯的鐵捲門，我只要聽到鐵門捲動嘎嘎的聲音，心裡就感到很不好意思，又增加了別人的負擔。

保全先生確認狀況後，會開張單子要我在上頭簽名。每個月我總有幾次因為忘了時間而被「開單」。不過日子久了，保全公司愈來愈熟悉我的作息。

有一天，趕在十一點前，我關上校長室準備回家，解開電梯鎖，搭乘電梯下到一樓。門一開，赫見保全先生就立在電梯門口，嚇得我陡然一震，心臟差點跳出來。

「怎麼無聲無息的站在這裡，嚇死人了。」我驚魂未定的抱怨。

「校長，不好意思，我們過來夜巡，發現穿堂有異狀。本來要走樓梯上去通知您，看您辦公室剛熄燈，電梯顯示正在下樓，就過來門口等候。」保全先生說。

「有異狀？」

保全先生指了指穿堂方向，我看到一個藍藍的、大大的、圓圓的東西。夜半時分，燈光昏暗，加上我剛受到驚嚇，眼前的景象真是奇異詭祕極了。

「有人在那裡搭帳棚！裡面有交談聲。」保全先生說。

原來是帳棚啊！臺北市的校園竟有人搭帳棚露營，我也是開了眼界。

「要驅離嗎？」保全先生問。

「不用，沒有妨礙，就借他們住一晚吧！」我說。

第二天，我把這件事告訴同事，大家都覺得很稀奇，幸好我遠遠拍了張照片，否則大家也難以置信。總務處調出監視器，兩位年輕的背包客，大約十點多進學校在穿堂搭帳棚，翌日五點就拔營離開了。

好個「棚過地無痕」啊！

又一個夜歸的晚上。

我關上校長室，往電梯走去。二樓的走廊居高臨下，黑壓壓的校區中，赫然發現旁邊教室一樓走廊，有兩盞小燈晃來晃去。

我停下腳步，戴上眼鏡仔細看，原來是有兩個人拿著小手電筒東照西照，鬼鬼祟祟的不知做什麼。

「小偷！」第一個念頭馬上跳出來。

二〇〇〇年起，臺北市中小學開始購置資訊設備，沒想到成為宵小覬覦的目標，那幾年有不少學校的單槍投影機、電腦主機、數位相機等陸續遭竊，損失慘重；後來加入各種安全防護措施，如今已經很少聽到失竊的事了。

那麼，我眼前這兩個小偷，究竟想偷什麼？

我踮著腳尖，大氣不吭的往他們的方向靠近，兩棟樓垂直相連，我在二樓，他們在一樓是上不來的。

等等，這兩個偷兒是年輕人，若要偷東西，手電筒不是該朝教室裡面照嗎？但他們的燈卻照向走廊天花板，看起來非常專注。

我觀察了好一陣子，發現他們並沒有侵入教室，也沒有破壞校園任何設施。半小時後，他們就離開了。

謎底翌日揭曉。

這兩位是大學生，原來他們在進行壁虎夜間調查研究。

呵呵，這些意外的訪客，讓我見證了夜晚的校園，也可以這麼有光彩。

40 和太陽月亮向前看齊

我們願意為孩子的學習鬆開制式作息的框架。
當月亮和太陽都排好隊看齊了，
學校的作息當然也可以跟著看齊！

二〇〇八年暑假前，我們得知八月一日將發生近十年來唯一在亞洲華人地區的日全食。這個訊息是負責籌劃觀測活動的嘉義市天文協會所提供的。

由於這次天文奇景最好的觀測地點是大陸新疆地區，因此協會決定開拔到當地，透過網路直播，將日全食過程的影像傳送至各地；同時又因這種特殊天象的直播活動，以往只有英語系或其他語系的轉播，我們在觀看時難免受到語言隔閡，因此，這次使用華語直播可說是創舉。

日全食發生時間在傍晚六點，有意願的機關團體或公司行號，可以向協會申請直播，在活動當日提供場地、設備，共同舉辦網路聯合觀測活動。

收到這樣的公文，一發現是「民間單位主辦」、「暑假」、「傍晚以後」、「鼓勵參加」，這些關鍵字會令多數學校選擇「公告周知」或「存參」，沒義務要做些什麼。

當時我在明德國小服務，心裡想的是：當全世界天文迷不遠千里跋涉仰望宇宙奇景、投入浩瀚穹蒼時，我們只需架上資訊設備，弄個場地桌椅，就能服務學生、家長，甚至是社區民眾，根本是低成本、高效益的美事。

於是，我們成了全臺二十多個開放場地、提供觀賞的機關學校之一。

教務處吉祥主任開始積極張羅此事，加上自然領域的柏菱和世昌兩位老師共同策劃，規劃了比預期更豐富的「天文之夜」。

活動從傍晚五點半開始，我們在一樓炫麗庭廣場排列了椅子，現場來了好多自由參加的小朋友和家長。暮色漸漸昏暗，小朋友愈來愈興奮，可能習慣於「早起上學去」，反而對夜色中的學校充滿新鮮感。

我們邀請了臺北市立天文科學教育館的專家講解日食的成因，並期待著在新疆彼端直播的畫面。可惜網路傳輸的訊號不穩定，有時甚至無法看到影像，幸好在新疆直播的團隊另有備案，才有驚無險的完成觀測活動。

整個活動包括解說，一直進行到近八點。

這次因傳輸及影像畫質因素，影響了觀測效果，不過也正說明了有時就算你準備十分周全，仍可能因無法預期的因素功虧一簣，這也讓我們學習珍惜可獲得的，不要把所有的順利成功視為理所當然。而這群「夜來上學校」的學生情緒始終亢奮，直到離開學校還依依不捨呢！

同樣是日食，二〇一二年在臺灣北部就可觀測到日環食，這是一九五八年來，相隔五十四年之後，首度可見的日環食，下一次要等到二〇二〇年六月二十一日。臺北市立天文科學教育館發布的「天象指數」更把這次評為「五星級」的天象。在媒體的宣傳下，許多人早就摩拳擦掌準備一觀這枚鑲在天空中炫麗奪目的「上帝金戒指」了。

觀測時間是二〇一二年五月二十一日清晨，初虧（月亮和太陽兩個天體邊緣第一次接觸的階段）從五點七分日出開始到七點二十三分結束，最珍貴的日環食發生的時間則從六點九分到六點十一分，共二百二十一秒。

真是透早啊！而且臺北高樓聳立，環食階段的仰角僅十二至十三度，需挑選東方至東北方無建築、山脈或樹木等障礙物遮擋之處才行。自然老師勘查的結果，覺得學校頂樓是個不錯的觀測點。

剩下的，就是學校要不要配合太陽的時間，提早開放頂樓呢？不然大家按照平常上學的時間出門，日食就已經結束了，根本毫無知覺呢！

吉祥主任、柏菱、世昌原班人馬再度合作。

清晨五點左右，校門口就擠滿了人。擔心有些人可能來不及吃早餐，家長會還送每人一份早餐。

入口的穿堂布置了「五二一日環食」和「六月六金星凌日」的天文奇觀解說海報展，參加的家長和學生先引導到視聽教室就座，由柏菱向大家解說日環食的成因，更重要的是等一下觀測時的安全措施，提醒大家不可以在沒有任何保護裝置下以肉眼直視太陽，一般太陽眼鏡也不行。

接著世昌發下先前向天文館申請的日食觀測扇，每人一支，上頂樓後，可以透過扇面上的減光濾膜觀測太陽。

頂樓是學生活動的「禁地」，這次大家可以堂而皇之的站在學校頂樓，從全新的角度瞭望校區，學生異常開心，差點忘了上來做什麼。

當天雲層較厚，雲朵飄來飄去，太陽忽隱忽現，大家都十分緊張，深怕槓龜。尤其關鍵的六點九分到六點十一分這短短的一百二十一秒，如果雲朵賴皮不走，這枚金戒指只好八年後再見。

幸好雲兒有時來有時去，大家屏息以待的那兩分鐘，「有」、「看見了」、「又遮住了」、「出來了」……，在失落和驚喜聲此起彼落中，結束了清晨的一堂天文課。

日全食和日環食都是因為地球、月亮、太陽排成一直線所造成的，這就像學生整隊時，老師會喊：「中央伍為準，向前看——齊！」地球和月亮各有各運轉的軌道，我們站在地球上，要一睹向前看齊的機會真不容易。

若學校拘泥「朝七晚四」的作息，更是白白流失掉難得的天文教育；我們願意為孩子的學習鬆開制式作息的框架，只因為專業告訴我們：這個時機點學習天文觀測，比任何時刻都來得好。

當月亮和太陽都排好隊看齊了，學校的作息當然也可以跟著看齊！

不論是夜晚，還是清晨。

後記

那顆懷中的水晶球

二〇二〇年八月一日，我從國小教育工作退休了。

二十歲從臺南師專（現臺南大學）畢業起就投身教育，或是更早一點，師專時期就曾到少年觀護所為收容的少年上課，他們的故事就像我家經營的戲院上演的電影劇情。

正式當老師第一年的暑假，我擔心弱勢家長無力照顧孩子，便帶著一群學生從基隆回美濃老家「過日子」……，青春年少的我有如懷抱粲然的水晶球，想方設法照亮那些讓我牽掛的學生——雖然那時力量不大、本事青澀。

眨個眼，三十五年過去了，我從老師到主任、再到校長，低頭看，那顆水晶球始終在我的懷中，沒有遺落，不曾黯淡。

不同的是，隨著經驗的累積和不斷的觀摩學習，我的力量大了一點，本事多了一些，擔任校長以後，能影響的對象也更廣了。

很久以前聽過一個故事。

初到醫院工作的護理師第一次輪值大夜班，主管告訴他不用那麼認真，學會自我保護，不要被客訴就好，還教他一些「少做少錯」的撇步……，那麼，這位初入職場的護理師將來有很高的比例會成為得過且過、消極作為的人。相反的，如果他遇到的主管帶領他示範如何細心完成工作、如何觀察病患的問題與需求、如何在工作中調適壓力……，那麼這位護理師將更有機會成為一位專業、敬業的優秀人才。

這個故事強調前輩對後進的重要性，讓我印象十分深刻。事實上，故事中兩種類型主管的心意都是照顧新手同事，但造成的影響卻南轅北轍。當然，影響一個人工作態度的原因很多，但同儕或主管的言行和價值觀的確不容忽視。

我以此自我警惕，不論在哪個位置，都要看好懷裡的水晶球，別忘了「有人在學你」。因此本書的出版，與其說是回憶過往做了些什麼，不如說是想學習故事中第二位主管，發揮一點影響力。

從國小退休後，承蒙國立清華大學厚愛，獲聘為客座助理教授，在柯華葳教授閱讀研究中心持續為閱讀教育努力，專家學者們試圖為蓬勃的閱讀教學注入有學理根據的底蘊。

另一方面，延續柯華葳教授的職志，我也在台灣閱讀文化基金會和一群夥伴推廣數位閱讀，充實數位讀寫網，讓更多師生能藉由學習平臺與專題探究競賽，培養自學力。此外，還定期於古典音樂台共同主持「閱讀推手」節目，分享與導讀好書；當然也沒有忘記文字的耕耘，繼續專欄寫作與出版。

服務的方式與對象也許有所不同，但教育的初心沒有差異。因為，懷中的水晶球依舊粲然如月！

國家圖書館出版品預行編目（CIP）資料

每個孩子都是全部，不是之一 / 林玫伶著 .
-- 第一版 . -- 臺北市 : 遠見天下文化出版股份
有限公司 , 2022.08
面； 公分 . --（教育教養；BEP073）
ISBN 978-986-525-637-1（平裝）

1.CST: 林玫伶 2.CST: 校長
3.CST: 學校管理 4.CST: 教育行政

523.68 111007836

教育教養 BEP 073

每個孩子都是全部，不是之一

林玫伶校長的教育心法

作者 — 林玫伶

總編輯 — 吳佩穎
人文館總監 — 楊郁慧
責任編輯 — 許景理（特約）、楊郁慧
插畫 — 小瓶仔（特約）
美術設計 — 鄒佳幗
內頁排版 — 薛美惠（特約）

出版者 — 遠見天下文化出版股份有限公司
創辦人 — 高希均、王力行
遠見・天下文化 事業群董事長 — 高希均
事業群發行人／CEO — 王力行
天下文化社長 — 林天來
天下文化總經理 — 林芳燕
國際事務開發部兼版權中心總監 — 潘欣
法律顧問 — 理律法律事務所陳長文律師
著作權顧問 — 魏啟翔律師
社址 — 臺北市 104 松江路 93 巷 1 號
讀者服務專線 — (02) 2662-0012 ｜傳真 — (02) 2662-0007；(02) 2662-0009
電子郵件信箱 — cwpc@cwgv.com.tw
直接郵撥帳號 — 1326703-6 號　遠見天下文化出版股份有限公司

製版廠 — 中原造像股份有限公司
印刷廠 — 中原造像股份有限公司
裝訂廠 — 中原造像股份有限公司
登記證 — 局版台業字第 2517 號
總經銷 — 大和書報圖書股份有限公司 電話／ (02) 8990-2588
出版日期 — 2022 年 8 月 17 日第一版第 1 次印行

定價 — NT 400 元
ISBN — 978-986-525-637-1
EISBN — 9789865256333 (PDF)；9789865256340 (EPUB)
書號 — BEP 073
天下文化官網 — bookzone.cwgv.com.tw

天下文化

BELIEVE IN READING